Rudi Pinke

Nicht von der Welt – doch für die Welt

Rudi Pinke

Nicht von der Welt – doch für die Welt

Vorbild Daniel:
Unverkrampftes Christsein
in einer unchristlichen Umwelt

Copyright © 2004 by Asaph Verlag, D-Lüdenscheid

1. Auflage 2004

Bibelstellen wurden, soweit nicht anders angegeben,
nach der Revidierten Elberfelder Bibel,
© 1985 Brockhaus Verlag Wuppertal und Zürich, zitiert.

Umschlaggestaltung: JOUSSENKARLICZEK, D-Uhingen
Satz/DTP: dms, D-Leverkusen
Druck: Breklumer Druckerei M. Siegel, D-Breklum

Printed in the EU

ISBN 3-935703-45-70
Bestellnummer 147345

Für kostenlose Informationen über unser umfangreiches
Lieferprogramm an christlicher Literatur, Musik und
vielem mehr wenden Sie sich bitte an:

ASAPH
D-58478 Lüdenscheid

E-Mail: asaph@asaph.net
www.asaph.net

Inhalt

Vorwort .... Seite 7
Einleitung .... Seite 9

Global Player #1 .... Seite 17
Kampf auf zwei Ebenen .... Seite 25
Kapitulation des Äußerlichen .... Seite 39
Youth with a Faith .... Seite 45
Das Prinzip der integren Mini-Gruppe .... Seite 49
Die Ohnmacht der Futurologen .... Seite 59
Zoom, Zoom, Zoom .... Seite 65

Schlussgedanken .... Seite 71

Vorwort

Am Anfang begeistert – nach einigen Jahren routiniert – am Ende enttäuscht: So oder ähnlich beschreiben Christen sehr oft ihren Stand in und ihren Umgang mit einer antigöttlichen Umwelt. Aber das muss nicht so sein. Der Heilige Geist möchte uns immer wieder in die Anfangs-Begeisterung hineinführen, allerdings unter stetigem Zuwachs an „Reife“. Reife hat mit geistlichem Wachstum zu tun. Und das geht von unserem wiedergeborenen Geist aus. Wer seinen Geist unter der Anleitung des Heiligen Geistes wachsen lässt, kommt mit den Rahmenbedingungen sozialer, kultureller, wirtschaftlicher Art besser zurecht als der, der sich von den Rahmenbedingungen selbst leiten lässt.

Von innen heraus leben, das macht den geistlichen Menschen aus – und macht nach einer Anfangsphase des Einübens auch richtig Spaß. Von äußeren Einflüssen abhängig zu sein führt dagegen zwangsläufig in ein Jo-Jo-Dasein mit vielen Aufs und Abs. Laufen die äußeren Dinge gut, ist man obenauf, laufen sie schlecht, ist man verzweifelt. Am Beispiel von Daniel und seinen Freunden kann man diese Reife eines Christen, der von innen heraus lebt, besonders gut erlernen.

Einleitung

Das Buch Daniel ist nicht nur ein Buch interessanter Visionen und Prophezeiungen, es ist nicht nur die alttestamentliche Parallele zum neutestamentlichen Buch der Offenbarung. Es schildert uns nicht nur einen phantastischen menschlichen Lebenslauf, den Gott mit dem Lauf der Weltgeschichte verbindet. Es ist auch eine Studie darüber, wie ein starker Charakter und die persönliche Integrität einem Menschen Standvermögen geben können in Zeiten von Stress, Krankheit und außerordentlichen Belastungen.

Die Frage der Integrität

Integrität könnte man übersetzen mit „makellose Persönlichkeit", „Abhängigkeit von einem anerkannten Wertesystem" oder auch als „Status der Reife und Entschiedenheit". Integrität ist etwas sehr Komplexes, wenn wir an unsere eigenen Lebensumstände denken, die uns von Zeit zu Zeit zu schaffen machen. Da werden Entscheidungen fällig. Gerade in der Nachfolge Jesu. Und trotzdem gibt es immer gewisse Ähnlichkeiten und Parallelen zu biblischen Vorbildern.

Dem Zeitgeist mal das „Stopp-Schild" zeigen

Sei es in den Bereichen Moral, Musik, Mode, Medien oder bei den allgemeinen kulturellen Entwicklungen und dem zeitgeistigen sozialen Verhalten – vielen jungen Menschen fällt es schwer, im entscheidenden Moment einen eigenen Standpunkt einzunehmen, durchzusetzen und gegen den Strom der Allgemeinheit zu schwimmen. „Die jungen Milden" ziehen es oft vor sich anzupassen, mitzumachen, immer diplomatisch, versteht sich. Daniel und seine Freunde geben ein exzellentes und nachahmenswertes Beispiel für stabiles integres Verhalten. Daniel wusste, dass er das Richtige tat, und das machte ihn sicher und stark.

Daniel lebte bewusst

Im ersten Kapitel steht die Treue von Daniel und seinen drei Freunden zu Gott im Mittelpunkt. Auch unter schwierigsten Bedingungen bekennen sie sich zum Gott Israels und folgen ihm als Herrn nach. Dafür bekennt sich Gott auch so augenscheinlich zu ihnen, dass das von ihrer ungläubigen Umgebung nicht übersehen werden kann.

Daniel: Ein Mann mit Weitblick

Das zweite Kapitel berichtet von einem Traum Nebukadnezars, des größten Königs Babylons, und seiner gottgegebenen Deutung durch Daniel. Der Zielpunkt des Traums liegt im zukünftigen Gottesreich, das allen irdischen Reichen ein Ende macht. Ein Wunder Gottes offenbart Daniel sowohl den Inhalt des Traumes als auch seine Auslegung. Daraufhin ehrt der heidnische König den Gott Israels und beschenkt Daniel und seine Freunde.

Daniel regt an

Das Buch Daniel hat eine große inhaltliche Nähe zum NT. Deshalb sind diese beiden ersten Kapitel gespickt mit prinzipiellen Anregungen, vor allem, was das Leben als Christ in einer unchristlichen Umgebung alles sein kann. Das ist so ermutigend, dass man sich einfach damit auseinander setzen muss.

Ein Blick in unser Umfeld

Schauen wir doch einfach mal über unsere Gemeindegrenzen hinaus in unser Land hinein: Unsere deutsche Gesellschaft wird zurzeit beherrscht von einer Mixtur aus Untergangsstimmung, Mutlosigkeit und Verzagtheit, vermischt mit etwas Hoffnung auf wegweisende Einsichten, kühne Entdeckungen und Rückkehr des allgemeinen Wohlstands. In diesen Tagen denken wir auch viel über unsere typisch deutschen Tugenden nach und fragen uns, wie und wo wir sie am besten einsetzen können. Dass sich vieles grundlegend und dauerhaft ändert, mögen wir uns gar nicht vorstellen. Wir befinden uns aber in einem solch grundlegenden Umschwung, häufig als „Strukturwandel" tituliert. Tugenden hin oder her – und Umschwung, Wandel bedeutet immer auch Unsicherheit.

Gemeinden: Spiegelbild der Gesellschaft

Allgemeine Unsicherheit geht auch an uns als Gemeinden und an dem einzelnen Christen nicht spurlos vorüber. Lange Gesichter, Fragen über Fragen und viel Enttäuschung machen sich breit. Dabei ist doch der Gott Daniels auch unser Gott. Er ist derselbe geblieben – gestern, heute und in Ewigkeit. Er bleibt so, während sich fast alles andere verändert. Was fehlt uns, um das anzunehmen? Ist es die Wiederentdeckung der Freude? Was können wir Ermutigendes gegen den allgemeinen Trend setzen? Was können wir von Daniel lernen?

Ein Ruck wird kommen …

Wir stellen viele Fragen und es scheint, dass wir gar keine Antworten wollen. Das geht schon eine ganze Weile so. Es ist wiederum ein Zeichen für diese sehr tief sitzende Verunsicherung. Auf allen Ebenen des gesellschaftlichen Lebens wird ein „Ruck" gebraucht, wie Bundespräsident Herzog es seinerzeit forderte. Aufwachen, sich zusammenreißen, Ziele definieren, Pläne schmieden, aufstehen – so oder ähnlich muss er das gemeint haben. Auch als Christen können wir dem zustimmen.

Statt wegsehen – hinschauen

Was kann uns Daniel in solch einer Zeit anbieten? Das erste, was wir von Daniel lernen können, ist Interesse an unserer Umwelt zu finden. Wir brauchen einen scharfen und wachen Blick für die Welt und die Menschen um uns herum, für die

Entwicklungen in der Gesellschaft. Zu lange dachten wir, wir würden es von einer abgeschotteten Insel der Seligen heraus schaffen. Aber das ist nicht möglich. Die Amish-People und Teile der Mennoniten haben es in Nordamerika und Paraguay versucht und sind in dieser Hinsicht gescheitert.

Erste Lektion

Was also lernen wir als Erstes von Daniel? Dass wir uns mit der ungläubigen Gesellschaft, in der wir als Christen leben, mehr als bisher beschäftigen müssen. „Denn so sehr hat Gott *die Welt* geliebt, dass er seinen eingeborenen Sohn gab …" (Johannes 3,16; Hervorh. von mir). Die Welt lieben wie Jesus heißt die Welt kennen. Und noch etwas sagt uns Daniel. Dass Veränderungen ihre Chancen mit sich bringen, dass jeder Umschwung auch Gutes in sich trägt. Man muss es nur sehen wollen. Deshalb noch einmal zurück zu Alt-Bundespräsident Herzog.

Fehlanzeige: der präsidiale „Ruck"

Seit Herzogs Mahnung geht es in unserer Gesellschaft scheinbar endlos „rucklos" weiter – ohne rechten Glauben an die Zukunft. Man verändert zwar die wirtschaftlichen Rahmenbedingungen – hat aber kein Vertrauen auf nachfolgenden Gewinn. Man streitet wie die Kesselflicker um den richtigen Weg, erwartet aber am Ende keinen Konsens. Man macht sich jede Veränderung so schwer, weil man erst gar nicht mit einem Segen rechnet.

Zeit, um Echtsein zu lernen

Wir befinden uns in einer Zeit, die sensible Wahrnehmung und Unterscheidungsfähigkeit erfordert. Denn: In solchen Zeiten kommt auch viel Echtes und Zukunftsweisendes zum Vorschein. Der Weg zum Echtsein zeigt uns, wer wir wirklich sind. Dann gibt es ganz plötzlich Chancen für uns Christen, Gemeinden, Kirchen – jetzt und zukünftig –, das Evangelium von Jesus Christus in Kreise der Gesellschaft zu bringen, die bisher verschlossen waren. Weil die Gesellschaft in all ihrer Rationalität so viele Fragen unbeantwortet lässt, werden wir Christen wieder interessant. „Könnte es sein, dass ihr etwas wisst …?“ Das war bei Daniel und seinen Freunden auch so.

Aktuelle Beispiele …
Ich kenne jemanden, der als Personality-Coach seinen Glauben in diverse Chef-Etagen großer Unternehmen trägt. Ganz entspannt, denn dort gibt es ebenfalls viele Fragen, siehe oben. Ich selbst habe die Gelegenheit bekommen, in Behörden über Antisemitismus zu referieren. Das fordert mich zwar sehr heraus, lässt aber Freiräume, das biblische Israel und damit den Glauben an Jesus von Nazareth gründlich zu erläutern.
In der vom Casting-Fieber ergriffenen Nation finden sich plötzlich gläubige Künstler wieder, die Gott in die Charts bringen. Werthaltige Musik statt Anarcho-Pop. Und in Berlin bringen Gebetsfrühstücke der Abgeordneten aller Fraktionen die Frage nach einer gottgefälligen Politik auf. Schließlich: Christliche Fernsehprogramme boomen wie nie zuvor und sind stramm auf dem Vormarsch in die besten Sendezeiten hinein.

… mit Mini-Vorgaben
Wenn wir denn hinter der allgemeinen Unsicherheit solche Chancen wahrnehmen, sind wir schon mittendrin – statt nur Beobachter zu sein. Man muss nur ein bisschen aufgeweckt sein, um Chancen zu entdecken. Näheres dazu findet sich auch in den folgenden Kapiteln.

In der Gesellschaft einen Platz einnehmen
In den gesellschaftlichen „Schrott“ mal schnell das aufkommende „Tier“ aus Offenbarung 13 hineinzupredigen, dazu

ein paar beiläufig hingeworfene Bibelstellen zum Thema Homosexualität und Abtreibung – das scheint mir nicht in jedem Fall der richtige „aufgeweckte" Stil zu sein. Das ist eher mit einer Art Einbruchsdiebstahl zu vergleichen: Zutritt zum Herzen erzwingen gegen den Willen der Betroffenen. Ich sage nicht, dass es grundsätzlich falsch ist, auch klare Worte zu gebrauchen – aber alles zur richtigen Zeit.
Auch die gesellschaftlichen Stippvisiten wie sporadische Straßeneinsätze muten oft an wie geistliche Pflichtübungen. Als solche umweht sie aber keine sonderlich vertrauenserweckende Aufbruchsluft. Für einen dauerhaft guten kommunikativen Umgang mit dem postmodernen Menschen unserer Gesellschaft brauchen wir aber vor allem Vertrauen. Ausdauernd sein, Vertrauen bilden, Mut machen, „Gunst beim ganzen Volk suchen und finden" – und das in einer Sprache, die die Welt verstehen kann.

Weg vom Anklagen

Wir erkennen das Sterben des Hergebrachten, sind geschockt über Moral- und Werteverfall. Uns ärgert einiges an dieser Gesellschaft. Aber beim Ärgern dürfen wir nicht stehen bleiben. Gott ärgert sich nicht, er will helfen. Ausgerechnet durch uns. Also brauchen wir Nähe zu ihm: „Gott, was willst du, was tust du, was sagst du?" Wir müssen seinen Willen kennen, so wie Daniel.

Nicht buhlen und nicht anbiedern

Wir fragen uns: Was dürfen wir an Zugeständnissen machen und was nicht? Wie weit können wir der Welt entgegengehen, ohne Gefahr zu laufen, von ihr geschluckt zu werden? Wie weit können wir unsere Hände ausstrecken, ohne dass sie besudelt werden? Wie weit können wir uns mit ihr freuen, ohne dem Haushalt unseres Vaters im Himmel Unehre zu machen (siehe 1. Johannes 2,15)?

Wir haben alles

Zudem behindern wir uns durch unser „Drehen um uns selbst“. Nicht selten verlieren wir dabei die ratlosen Menschen um uns herum aus den Augen. Das Leben höherer Ordnung, das die Bibel uns verheißt und zur Weitergabe befiehlt, haben wir meist selbst erst in kleinen Portionen ergriffen – jedenfalls fehlt uns häufig die Vollmacht in die allgegenwärtigen Katastrophen hinein jubelnd die Arme hochzuwerfen und mit Leib und Seele den Geist Jesu Christi als „mitten unter uns“ auszurufen.

Das beste Evangelium, das es je gab

Andererseits weigern wir uns auch standhaft, der Welt ihre Taschenspielertricks und ihre Kreuzzugs-Mentalität vorzuhalten, wenn es z. B. um die Durchsetzung höchst fragwürdiger Sonderinteressen kleiner Grüppchen geht, wie etwa das Adoptionsrecht homosexueller Paare. Damit signalisieren wir entweder Feigheit oder Gleichgültigkeit. Stattdessen ziehen wir uns lieber auf unser frommes Inseldasein zurück. Dabei sind wir gerufen, einzusteigen in das Chaos und jeden offenbarenden Beweis zu erbringen, dass denen, die Gott lieb haben, alle Dinge zum Guten gereichen.

Wir können doch leuchten – oder?

Fassen wir zusammen: Wir haben den Traumberuf des Licht- und Salzbringers erwählt. Fein. Aber wir bleiben entweder auf unseren Beständen sitzen oder wir benehmen uns wie ein Würstchenverkäufer auf dem Fischmarkt.

Wie kriegen wir göttliches Licht/Salz in das wahnwitzige Geschehen der Welt von heute, so dass die Menschen uns glauben und zur Ruhe in Gott kommen? Mit der Bibel in der Hand und dem Ohr am Herzen Gottes. Nur so lernen wir im Licht göttlicher Erkenntnis zu wandeln und zu wuchern, wie uns das verheißen wurde. Und dabei kommt uns Daniel gerade recht.

Keine Nerven zeigen

Mit dem Lichtstrahl Gottes in die Gesellschaft hineinleuchten. Das Salz in jedes Bistro werfen. Ein ganz praktischer Job. „Beleuchter" und „Würzer" Gottes sein. Denn das ist unsere eigentliche Stärke: alles zu haben. Wir leben von der fortlaufenden Offenbarung Gottes, wir haben Licht im Überfluss und können damit die Dunkelheit um uns herum locker ausleuchten. Wir haben Unterscheidungsfähigkeit und Einsicht. Was hindert uns? Unser kirchliches Haus, das noch nicht in Ordnung ist? Entmutigende Erfahrungen? Unsere Nerven? Das alles lässt sich korrigieren. Dazu brauchen wir Vorbilder wie Daniel.

Zu Gott hin geschaffen

Zu Hilfe kommt uns, dass die menschliche Seele auf Gott hin gemacht ist. Sie will ihn sehen. Sie will Kontakt mit ihm, auch inmitten der großen und kleinen Ereignisse der Gegenwart. Also, in den folgenden sieben Kapiteln gehen wir jeweils einen Schritt in diese Richtung, gelassen, doch begeistert, hoch motiviert die Herrlichkeit Gottes in die Teile der Gesellschaft hinein zu tragen, die Gott uns anvertrauen will.

Global Player #1

Daniel fing an und sprach: Gepriesen sei der Name Gottes von Ewigkeit zu Ewigkeit! Denn Weisheit und Macht, sie sind sein. Er ändert Zeiten und Fristen, er setzt Könige ab und setzt Könige ein; er gibt den Weisen Weisheit und Erkenntnis den Einsichtigen; er offenbart das Tiefe und das Verborgene; er weiß, was in der Finsternis ist, und bei ihm wohnt das Licht. Dich, Gott meiner Väter, lobe und preise ich, dass du mir Weisheit und Kraft gegeben und mich jetzt hast wissen lassen, was wir von dir erbeten haben; denn du hast uns die Sache des Königs wissen lassen. (Daniel 2,20-23)

Gott ist heute derselbe wie in den Tagen der Bibel

Daniel lebte von einer sich selbst bestätigenden Offenbarung in seinem Herzen: Gott ist der Herr der Geschichte. Daran hatte er geglaubt. Und nun hatte dieser Gott ihm den Traum Nebukadnezars mitgeteilt – klar und unmissverständlich –, sodass er ihn weitergeben und damit viele Menschenleben retten konnte, sein eigenes inbegriffen. Sein Herz jubelte und er musste es weitersagen.

Nichts geschieht auf dieser Erde, ohne dass Gottes Weisheit, sein Können, seine Macht und seine Güte im Spiel sind. Auch wenn Terror und Ungerechtigkeit um sich schlagen wie wild, gilt diese Wahrheit uneingeschränkt. Das hatte Daniel nicht nur verstanden, sondern er machte diese Einsicht zu seiner Handlungsmaxime.

Gott hat die Kontrolle

Das klingt wie eine Story von einem anderen Stern. Aber Daniel glaubte sie, lebte danach und wurde nicht enttäuscht. Gott ist es, der Könige einsetzt und absetzt, der minutiös die Dauer einer Regentschaft überwacht, er ist die höchste Instanz in allem, was menschliches Leben ausmacht. Nicht Bush, Putin, Blair oder Chirac – nein, dieser eine Gott der Bibel.

Was für ein Gott!

Von ihm kommt Durchblick und Einsicht. Wenn ein Mensch etwas von den Zusammenhängen und Entwicklungen auf dieser Welt versteht, dann nur, weil Gott es ihm gesagt hat. Denn hinter den Kulissen des Sichtbaren ist mehr los, als unser Verstand wahrhaben will. Gott kennt sich im Sichtbaren und Unsichtbaren aus wie keiner sonst. Er kennt alle guten und bösen Planungen von Menschen und lässt sie sie jeweils nur dann ausführen, wenn sie in seine überlegende Gesamtplanung hineinpassen. Obwohl er selber nur im Licht ist, durchleuchtet er jede Form von Dunkelheit, ohne dass etwas vor ihm verborgen bleiben könnte.

Gott ist nicht begrenzt

Auch nicht von Zeit und Raum. Er allein kennt die Zukunft, weil er längst darin lebt. Und er gibt Menschen, die ihn ernsthaft darum bitten, Einblick in verborgene Zusammenhänge. Nicht Zarathustra oder Faith Popcorn – sondern der Gott der Bibel. Daniel fühlt dankbar, dass Gott ihn zum Teilhaber seines Wissens macht. Und damit soll er Gutes tun. Menschen helfen.

AUF DEN PUNKT GEBRACHT: *Wer die Welt erreichen will, muss Gott kennen und ihn in Beziehung zum Alltagsleben bringen.*
TIPPS: *Das Gottesbild immer wieder schärfen. Den anwesenden Gott im Geist zeichnen, beschreiben.*
HÜRDEN: *fromme Floskeln*
STÄRKEN: *Entspannte, unemotionale Natürlichkeit überwindet weit.*
SCHWÄCHEN: *Druck ausüben, wie etwa: „Komm, lass uns über Gott reden“ usw.*

DANIELS ERMUTIGUNG

Kläre die Qualität deines Gottesbildes und du hast den ersten Schritt in die Gesellschaft schon vorbereitet. Zweitens: Alle Gaben, alles Wissen werden gegeben, um anderen damit zu helfen, zu dienen, beizustehen und Gott damit zu ehren. Du schaffst das, wie ich, Daniel, es geschafft habe.

Der Herr der Dinge

Das ist die wichtigste Basis-Botschaft für uns heutige Menschen: Gott ist es, der alle Regierenden, Könige, Staatspräsidenten, auch unseren Bundeskanzler und die Premiers und Spitzenpolitiker aller Nationen ein- und absetzt. Er hat das Sagen. Es ist nicht immer ganz einfach, an dieser Perspektive festzuhalten. Darum müssen wir die Grundüberzeugung, dass unser Gott die Situation zu allen Zeiten souverän im Griff hat, immer wieder neu durchbuchstabieren.

Herr, Herr, Herr

Ob Che Guevara oder Osama Bin Laden, ob Michael Schumacher oder Lance Armstrong, ob Elton John oder Eric Clapton – über allen steht der Herr. Der eine, der höchste Herr. Auch die beunruhigendsten Situationen, die uns Angst machen, beherrscht Gott ganz souverän. Er kennt alle gesellschaftlichen Mächte, die die politischen, wirtschaftlichen und militärischen Abläufe bestimmen. Und er ist stärker als all diese Mächte zusammen. Heute und für alle Zeiten. Das ist stark – wirft aber auch ein paar Fragen auf.

Daniel: Gottes Stärke in den Alltag bringen

Wissen allein bläht auf, auch das Wissen über Gottes überragende Stärke. Gott ist stark und gut. Das ist kein Wunschdenken, sondern eben Tatsache. Eine Tatsache aus der Bibel, dem ewigen Wort Gottes. Wer es liest oder hört und es glaubt, wird es schließlich erfahren. Diese Tatsache will angewendet sein. Am Anfang in ganz kleinen Schritten. So ein Mini-

Schritt fängt in Gedanken an, wendet sich gegen Hast und Unruhe und bringt Frieden. Da ist einer, der kommt nie zu spät, der macht immer alles gut und richtig.

Wir brauchen den Heiligen Geist, den Herrn

Jetzt kommt die Stunde des Heiligen Geistes. Wir leben in seiner Zeit. Er vertritt Gott und ist selbst Gott. Er wohnt in einem wiedergeborenen Herzen. Er kann alles. Und er allein bringt das Kunststück fertig, uns vollkommene Freiheit zu jeder Zeit zu geben. Wenn er in diesen Prozess des „langen Marsches durch die Institutionen" eingeladen wird, entwickeln sich übernatürliche Resultate: Er bricht da ein, wo er willkommen ist, in jede Unsicherheit und Verzweiflung, in jede Mutlosigkeit, in jede Untergangsstimmung.

Was wir bisher wissen

Gott ist unbeschreiblich. Trotzdem versuchen wir, ihn zu beschreiben. Er hat uns mit Jesus und dem Heiligen Geist alles von sich gegeben, was wir brauchen. Auf der anderen Seite: Wir leben in einem Land, Deutschland, in dem die Sinnfrage immer öfter gestellt wird – selbst in den Charts. Die säkulare Welt hat viele Fragen. Sie will diesen unbeschreiblichen Gott kennen lernen, ihn herausfordern, sich selbst ein Urteil bilden. Dabei braucht sie unsere Hilfe. Die Jünger Jesu wissen die Antworten. Aber sie kennen die Gesellschaft nicht richtig und sprechen ihre Sprache nicht. Doch das wird sich ändern. Das muss sich ändern – und das ist zu schaffen.

Eine neue Sprache lernen

Aus „Machet zu Jüngern" wird „das Kunststück, wirklich frei zu sein". Und aus „Macht euch die Erde untertan und vermehrt euch" wird „von großen Projekten träumen und sie realisieren". Beides meint dasselbe: „Seid fruchtbar" könnte man auch so übersetzen: „In grenzenloser Mobilität die Zukunft gestalten". Die Gesellschaft will wissen, was Gott kann und will. Was Drogen, Sex, Okkultes, Wahrsagerei, östliche Religionen, Gewalt oder exzessives Leben anderer Art können, hat sie längst schon ausprobiert. Und das hat es nicht gebracht.

Jesus ist die Antwort auf Fragen

Fruchtbar sein, heißt die Botschaft des Lichts bringen. Freiheit, Schönheit, Erleben, nicht Gesetze (die gibt es schon im Überfluss). Die Botschaft des Lichts ist die Botschaft des Glaubens. Sie sagt einfach und klar: Da ist einer über uns, der stark und gut ist und das auch unter Beweis stellt. In Jesus Christus, der zu uns Menschen gekommen ist, um uns zu erlösen und uns die Liebe des Vaters zu bringen, sind alle Beweise, dass Gott die Wahrheit sagt. Jeder aufrichtige Mensch auf dieser Erde kann das nachprüfen und wird zu diesem Ergebnis kommen.

Es gibt keinen anderen Herrn

Schließlich besingt Daniel die Ausschließlichkeit Gottes. Das ist immens wichtig. Kein anderer Religionsstifter, keine andere Weltanschauung, nichts und niemand außer ihm, dem Gott Israels, hat diese Machtfülle und Größe. Nur er existiert aus sich selbst. Sie besagt weiter: Unser beschränktes Wissen, unsere Verstandes- und Wissenschaftsgläubigkeit werden getoppt von diesem starken Gott. Jede Vergötterung von menschlichen Idolen wird zur Lachnummer angesichts dieses Gottes. Weltmächte, Medienzaren und Kulturgötter – sie alle müssen unserem Gott die absolute Herrschaft überlassen. Allein diese Fakten verändern jedes Wertesystem. Garantiert.

Daniel schaffte die richtigen Voraussetzungen

Daniel wusste das alles – und was wichtiger war: Er glaubte das. Er richtete sich danach. Diese Realität bestimmte sein

Leben und seinen Umgang mit Menschen. Dabei war es ihm egal, ob die Menschen dasselbe glaubten wie er. Er lebte aus seinem Glauben an diesen einen Gott. Er handelte danach. Insofern war er radikal. Das war kein theoretisches Konzept für ihn, das war sein Leben. Gott war sein Leben. Das machte ihn zu einem integren Mann.

Gottes einzige Schwäche

Noch ein Wort zu schwierigen Fragen: Warum Terror islamischer Extremisten? Warum hunderttausendfacher Mord arabischer Freischärler an unschuldigen Menschen im Sudan? Warum Unglücke und Katastrophen? Warum lässt Gott das zu? Die Antwort: Gottes Schwachpunkt in seinem Konzept mit uns Menschen ist seine Liebe zu uns und seine Sehnsucht nach unserer Liebe zu ihm. Lieben kann nur funktionieren, wenn Liebende einander kennen. Und Liebende müssen frei sein, ja oder nein zu sagen. In diesem Sinne macht sich Gott sogar von Menschen abhängig. Er selbst hat sich entschieden, niemals „nein" zu Menschen zu sagen. Wenn aber Menschen „nein" zu Gott sagen, dann bleibt genug Raum für Hass und Elend. Und danach läuft vieles in unserem Zeitalter ab.

AUF DEN PUNKT GEBRACHT: *Gottes Absolutheit verstehen und glauben. So ein Glaube begründet ein anderes Wertesystem. Die Welt und ihre Fragen verstehen – und ihr Antwort geben.*
TIPPS: *Zuerst nach allgemeinen Kommunikations-Gelegenheiten über Gott und die Welt Ausschau halten.*
HÜRDEN: *zu theoretisch, zu fromm sein*
STÄRKEN: *aktuelles Wissen zu schwierigen Fragen erwerben*
SCHWÄCHEN: *sich in etwas verrennen und stur bleiben*

DANIELS ERMUTIGUNG

Den Gott und Vater unseres Herrn Jesus Christus als den erkennen, der vital, dynamisch und zielgerichtet Verantwor-

tung für seine Welt und seine Menschen übernimmt. Er hat die Kontrolle, er herrscht souverän und gleichzeitig fürsorglich – in jedem Augenblick der Geschichte. Sich Christus zuwenden ist der erste Schritt. Eine gute Methode zum Lernen: „Gott hat die Kontrolle – und ich glaube es." Diesen Satz proklamieren, bis man es glaubt. Und wenn man es sich zu eigen gemacht hat: weitersagen.

Kampf auf zwei Ebenen

Im dritten Jahr der Regierung Jojakims, des Königs von Juda, kam Nebukadnezar, der König von Babel, nach Jerusalem und belagerte es. (Daniel 1,1)

Verstehen, wie Gott handelt

Bisher haben wir einen Global Player kennen gelernt: den Gott der Bibel. Er ist, etwas salopp gesagt, „die ganz große Nummer im Universum". Geholfen hat uns dabei der Lobgesang Daniels, der so viel wichtige Informationen für uns enthält, dass wir sie gar nicht alle in diesem Büchlein aufzählen können. Inspiriert haben mich bei den nachfolgenden Ausführungen u. a. Gedanken des 1948 verstorbenen Jakob Kroeker.

Ich erinnere mich, wie 1994 bei meinem ersten Besuch in der *Toronto Airport*-Gemeinde alle fünf Minuten ein Mann, vom Heiligen Geist getrieben, aufstand und voller Bewunderung ausrief: *„Big God"*. Dann setzte er sich wieder hin. Man ließ ihn gewähren, weil sein knappes Zeugnis von der Größe Gottes so stark war. Er hatte aber auch etwas in seinem Auftreten, das uns anderen einfach gut tat: Er war offenbar entschlossen, wilder, leidenschaftlicher, begeisterter mit diesem „Big God" in seinem Alltag umzugehen.

Die übrigen Player

Jetzt kommen zwei weitere Player dazu: Israel, vertreten durch seinen König Jojakim, und Babel, vertreten durch seinen König Nebukadnezar. Gott ist der Handelnde im Sinne des oben Gesagten. Er zeigt uns anhand eines ganz bestimmten geschichtlichen Ereignisses wie der Eroberung Jerusalems im Jahre 605 v. Chr. größere, in diesem Fall weltgeschichtliche Zusammenhänge. An einem Einzelereignis können wir den Verlauf des Ganzen sehen. Das bringt uns ungeahnte prophetische Vorteile in Bezug auf unseren Umgang mit der Gesellschaft. Und diese Vorteile gilt es zu nutzen.

Jerusalem lebt – Babel ist tot, als Stadt

Insofern stehen beide Namen – Jerusalem und Babel – einmal für die beiden wirklichen Städte selbst. Jerusalem ist heute so wichtig und lebendig wie damals und Babel existiert nicht mehr. Das ist spannend und sagt vieles über den Player # 1. Zum anderen handelt es sich bei beiden Namen um biblische Metaphern, Bilder, die für den weiteren Verlauf der Weltgeschichte von Bedeutung sind. So ist Jerusalem ein Bild für das Göttliche auf dieser Welt, das von Gott Geschaffene, also nicht nur für Israel, sondern auch für die neutestamentliche Gemeinde. Babel dagegen ist ein Bild für Staaten, Mächte, Gruppierungen, Gesellschaften und Religionen, die ohne den Gott der Bibel ihre eigenen Ziele verfolgen (s. a. Offenbarung 17).

Daniel in der belagerten Stadt

Daniel hatte keine leichte Zeit. Niemand in Jerusalem, der belagerten Stadt, hatte eine leichte Zeit. Die Stadt hatte noch nicht kapituliert. Es muss drunter und drüber gegangen sein. Eingeschlossen von allen Seiten. Wie lange reichen die Vorräte? Was für Maßnahmen sind zu ergreifen? Daniel, der junge Mann, hatte keinen Einfluss darauf. Angst ging um. Wie kommen wir da raus? Die Erkenntnis setzte sich durch, dass es keinen anderen Ausweg gab als zu kapitulieren. Was wird mit den Menschen geschehen? Wie werden die wilden Truppen der Armee Nebukadnezars sich verhalten? Morden, plündern, vergewaltigen? Dieser Ruf eilte ihnen voraus. Hoffnungslos. Mit einem Wort: Der Global Player, zu dem Daniel gehörte, war in großer Not. Wie würden sich die anderen Global Player verhalten?

Gott ist Geist – und das hat Folgen

Wenn also Gott so stark ist, wie weiter oben beschrieben, warum ist dann die Gottesstadt Jerusalem nicht sicher vor den Horden aus Babel? Warum greift Gott nicht in letzter Minute ein und befreit Jerusalem? Es galt doch als uneinnehmbar. Ist Babel zu weit gegangen – oder vielleicht doch nicht?

Babel gegen Jerusalem: Babel siegt

Warum ist es nicht genau umgekehrt? Jerusalem vor Babel! Das wär es doch. Am Ende der Zeiten wird es auch so sein. Aber bis dahin wird Babel noch so manches Mal siegen. Der Kampf Jerusalems ist ein rein geistlicher Kampf, ein Kampf, der nur mit geistlichen Waffen geführt werden kann. Man kann nicht mit militärischen – die Bibel spricht von „fleischlichen" – Waffen geistliche Kämpfe um geistliche Werte gewinnen. „Nicht durch Herr oder Kraft" heißt es an anderer Stelle. „Geistlich" bedeutet so viel wie „von Gott her" und „zu Gott hin". Auf jeden Fall mit Gott, denn Gott ist Geist.

Die einst heilige Stadt unterliegt

Babel kommt also mit fleischlichen Waffen – mit Heer und menschlicher Kraft – gegen Jerusalem an. Auf dieser Ebene muss Jerusalem unterliegen. Seine Ebene ist geistlich. Oder sollte es doch sein. An sich ist das Geistliche dem Menschlich-Fleischlichen überlegen, aber Jerusalem hatte sich freiwillig weg vom Geistlichen hin zum Fleischlichen begeben. Es hatte aufgehört, von Gott her und auf Gott hin zu kämpfen, in Gottes Weisheit zu kämpfen. Jojakim, der König, war eine Marionette Babels, weit weg von Gott, ohne Verbindung zu ihm. Das alles kann man nachlesen in 2. Könige 23,34 bis 24,7 und 2. Chronik 36,1-8.

Das war schon mal anders

Es gab Könige im alten Israel, die gewannen ihre Schlachten, indem sie Lieder sangen und Gott anbeteten (Josaphat), oder die einfach still waren, um im richtigen Moment zu jubeln und zu jauchzen (Josua).

Geistlicher Kampf

Der Verstand sagt einem, dass so etwas nicht stimmen kann, aber der Verstand irrt hier. Deshalb irren auch wir oft, wenn wir vergessen, wer Gott ist und was er kann. Wir bewegen uns mit unserem Denken oft in der Zeit der Aufklärung, zum Ende des Mittelalters, wo das Übernatürliche, das Geistliche und alles, was mit einem handelnden Gott zu tun hatte, verworfen wurde. Die Aufklärung irrt hier, weil sie den menschlichen Verstand zu ihrem Gott macht. Das Prinzip des geistlichen Kampfes ist die Ebene, auf der Jerusalem sich auskennen sollte, und auch die Kirche Jesu Christi sollte ihre geistlichen Kämpfe in geistlicher Kraft ausfechten.

Unvereinbar gegensätzlich: Babel und Jerusalem

Das Bild, das uns im ersten Vers des Danielbuches gezeigt wird, „Babel vor Jerusalem“, heißt so viel wie: Weltliche Heeresmacht ist immer dann überlegen, wenn geistliche Macht nicht intakt ist. Intakt ist sie nur, wo eine lebendige Beziehung zu Gott besteht.

Die Mission der Gemeinde

Jerusalem hat eine absolut schöpferische Mission in dieser Welt und diese schöpferische Mission richtet sich auch auf Babel, aber nicht gegen Babel. Babel dagegen richtet sich gegen Jerusalem und will es beherrschen. Das ist total gegensätzlich und spannend zugleich: Es findet von Anfang an ein Kampf statt auf dieser Welt. Er findet auf zwei verschiedenen Ebenen statt. Das Menschliche ohne Gott (Babel) will das Menschliche mit Gott (Jerusalem) beherrschen. Umgekehrt ist es Jerusalems Auftrag, Babel und seinen Menschen den lebendigen Gott zu zeigen.

Ebene 1: Geistlicher Kampf
Gewaltsame Unterwerfung ist Babels Ziel, innere Gewinnung mit dem Ziel, aus Feinden Gottes Freunde Gottes zu machen – das ist die Ebene Jerusalems. Drei Global Player tauchten bisher auf: Gott, der Souverän, Jerusalem als seine Vertreterin auf der Erde und Babel als Vertreterin einer Menschheit ohne Gott. Es geht jetzt darum, diese beiden Player näher kennen zu lernen. Das ist notwendig, wenn wir erfolgreich mit der Welt kommunizieren wollen.

Diese Erkenntnisse sind Gold wert
Was wir in diesen Gedanken über Babel und Jerusalem bzw. die säkulare Gesellschaft und die Gemeinde Jesu bzw. das gläubige Israel kennen und verstehen lernen, ist ganz wichtig für unseren entspannten Umgang mit der Welt um uns herum. Deshalb gehen wir hier so sorgfältig wie möglich ans Werk.
Gott wird auf der Erde vertreten durch sein Volk Israel und durch die Gemeinde Jesu Christi. Babel hingegen steht für jede Gesellschafts- und Regierungsform aller Zeiten, mit der Menschen versuchen, sich ein Leben ohne Gott aufzubauen, auch, wenn christliche Symbole „pro forma" verwendet werden, auch alle religiösen Versuche der Menschen sind dazu zu rechnen, sich einen Gott nach eigenen Vorstellungen zu machen, ein Phänomen, dem wir oft genug in der Geschichte begegnen. Alle Religionen richten sich gegen den sich selbst offenbarenden und handelnden Gott der Bibel.

Ebene 2: Babel siegt mit weltlichen Waffen
Im ersten Vers des Danielbuches lernen wir die erste Ebene des Kampfes kennen. Babel steht mit dem Aufgebot seiner ganzen Macht vor Jerusalem und lässt die Muskeln spielen. Babel will herrschen, demütigen, unterjochen. Babel besiegt Jerusalem. Babel versteht nicht, wie Jerusalem von einer höheren Macht abhängig sein kann und dennoch verliert. Je-

rusalem bleibt rätselhaft, und das ist bis heute so geblieben. Jerusalem existiert, ist umkämpft wie eh und je – und Babel, die Stadt ist längst verschwunden. Das System „Babel“ jedoch lebt. Mag also Babel damals Jerusalem besiegt haben – langfristig überlebt nur Jerusalem. Das ist auch eine der Herausforderungen im Nahost-Konflikt unserer Tage.

Wer trägt heute Gottes Offenbarung? Wer vertritt eigene Machtansprüche im Sinne Babels?

Beide Typen der Weltgeschichte, Jerusalem und Babel, präsentieren sich als Trägerin der jeweiligen Gottesoffenbarung bzw. als Repräsentantin der jeweiligen Weltmacht. Wenn wir in unsere heutige Welt schauen, fragen wir uns, wo in Israel, wo in der Kirche Jesu Christi die aktuelle göttliche Offenbarung mit aller Kraft und Virtuosität in die Öffentlichkeit gebracht wird.

Viel leichter ist zu erkennen, wo das moderne Babel mit Weltmacht-Ambitionen Gewalt und Macht und Blutvergießen in die Welt hineinträgt. Ich überlasse es dem Leser, die verschiedenen Schauplätze babylonischer Aktivität selbst zu lokalisieren. Dabei wird so manche Überraschung sichtbar werden. Aber in der Beantwortung dieser Fragen entsteht ein ganz neues, authentisches Weltbild.

AUF DEN PUNKT GEBRACHT: *Grundaussagen des biblischen Weltbildes verstehen. Tagesnachrichten am biblischen Weltbild messen.*

TIPPS: *Nahost als Weltenuhr erkennen.*

HÜRDEN: *Politische Polarisierungen helfen nicht weiter: rechts-links – konservativ-progressiv usw.*

STÄRKEN: *Veränderungen frühzeitig wahrnehmen*

SCHWÄCHEN: *leichtfertig und unsensibel nicht beweisbare Behauptungen aufstellen*

DANIELS ERMUTIGUNG

Wenn es in unserer Umgebung drunter und drüber geht, finden wir Ruhe nur in Gott. Nicht durch Heer oder Kraft ... arbeitet Gott. Hinter einer Niederlage des Fleisches kann sich durchaus ein Sieg des Geistes verbergen.

Babels Wesen

Vom Anfang (1. Mose 10) bis zum Ende (Offenbarung Kap. 17 und 18) der Bibel trägt Babel immer den gleichen Stempel, was ihr eigentliches Wesen angeht: mit Härte die eigenen Ziele durchsetzen. Dabei folgt sie drei Hauptprinzipien:

- Selbstrechtfertigung als Grundlage für Machtentfaltung
- Selbsterlösung: Menschliches Paradies auf Erden ohne Gott
- Vergötterung des Menschen und seiner Schöpfungen

Das sind die Linien, auf denen sich die menschliche Geschichte von Anfang an bewegte: Selbstrechtfertigung, Selbsterlösung, Selbstanbetung. Die Bibel bezeichnet das als Sackgasse, aus der man nur herauskommt, wenn man als Individuum in das Reich des Sohnes der Liebe überwechselt (Kolosser 1,13).

Babel: Unbedingte Machtentfaltung

Im biblischen Kontext geht der Ursprung Babels auf Nimrod zurück, einen Enkel Hams, der die Stadt im Raum des heutigen Irak gründete (1. Mose 10,8-12). Er vertraute offenbar auf seine natürlichen Gaben, seine geistige Überlegenheit und bewusst eingesetzte Gewalt. Er baute Babel und andere Städte und Reiche und setzte sich selbst damit ein Denkmal.

Nimrod – Schöpfer Babels

Er schaffte es mit der Kombination dieser Gaben, seine Zeitgenossen für sein gewaltiges Ziel zu begeistern, den Turmbau zu Babel. Mit dem Versprechen, die einzige Chance für die Zukunft der Menschheit zu nutzen, verband er die Forderung an jeden Zeitgenossen, alles für dieses Ziel zu opfern: Freiheit, Geld, Zeit, Arbeitskraft: „Und sie sprachen: Wohlan, wir wollen uns eine Stadt und einen Turm bauen, und seine Spitze bis an den Himmel! So wollen wir uns einen Namen machen, damit wir uns nicht über die ganze Fläche der Erde zerstreuen!"

Babel als Vorläufer für Weltregierung

Nimrod und Babel stehen für Einheit, für Weltregierung, für das Ganze, für den Universalstaat – das alles jedoch ohne Gott. Diese Vision als Mittel für die Gesundung der Menschheit, alle Rechte dem Ganzen, keine oder wenig Rechte dem Einzelnen, Vergötterung des „Protzigen", aber Vergänglichen. Doch die Geschichte zeigt: Am Ende stand immer Untergang und Verzweiflung. Babylon, Medo-Persien, Griechenland und Rom – vier große Weltreiche versuchten es und scheiterten. Doch der Geist Nimrods ist immer noch in Aktion: Nazi-Deutschland, Sowjet-Russland, aber auch Idi Amin, Milton Obote und Pol Pot sind bekannte Beispiele jüngerer Geschichte.

Nimrod und Babel stehen für Schlachtfelder, Blutvergießen und namenloses Elend. Auch so genannte „christliche" Staaten mit demokratischen Verfassungen tragen Züge Nimrods und Babels. Das ist vor allem dann der Fall, wenn Materialismus oder Bürokratismus unanständige Ausmaße erreicht, die ungerechte Verteilung der Güter oder die Pressionen des Staates Menschen in Not bringen. Deshalb können wache Christen nicht nur links oder rechts stehen, sondern sie müssen einen dritten – biblischen – Weg gehen.

Gottes „Nein" zu Babel

Was hat der Global Player #1 zu Babel gesagt? Er verwarf Babels Pläne von allem Anfang an und sprach ein klares „Nein" (1. Mose 11,5-8), nein gegen übermäßige Machtent-

faltung der Menschen. Ohne dieses „Nein" Gottes hätte die weltgeschichtliche Entwicklung ihr antigöttliches Ziel einer von Gott gelösten Universalregierung sicher längst erreicht. Gottes behutsames Herrschen fügte es so, dass bisher noch kein Nimrod eine dauernde Weltmonarchie schaffen konnte. Jeder Versuch überlebte kaum seinen Gründer, Cäsar, Napoleon, Hitler sind Beispiele. Jede Macht wurde blind, wenn sie zu höchster Entfaltung ihrer Gewaltgelüste kam, und verzichtete angesichts ihrer Stärke auf jede Art von Weisheit und das leitete jeweils ihr Ende ein.
Auch heute sehen wir diese Strukturen an vielen staatlichen Machtgebilden größerer oder kleinerer Imperien. Noch einmal: Auch demokratische Staaten haben meist diesen gottlosen, auf die eigene Kraft vertrauenden Charakter. Auch bei uns herrschen antigöttliche Perspektiven vor. Sowohl bei der Supermacht USA als auch der Europäischen Union und ihren Mitgliedsstaaten ist das deutlich erkennbar, von Russland, China und anderen Halbdiktaturen ganz zu schweigen.

Babel: Selbsterlösung

Eigentlich liegt Babels Ursprung noch weiter zurück, eigentlich ist es Kain mit seinem Charakter, seiner Religion, seinem Opfer, seinem Verhältnis zum Nächsten, seiner Flucht vor Gott, der Pate stand. Auch Babel kennt Opfer, Altar und Religion. Nie ist eine weltliche Gesellschaft ohne Religion gewesen: Der Marxismus-Leninismus Stalins genauso wie der arische Größenwahn Hitlers hatten religiösen Charakter. Auch der Atheismus, die Gnosis (geheimes Wissen für Insider) und Agnosis („Kein Mensch kann die wirklichen Zusammenhänge wissen") sind religiös. Kain opferte im Gegensatz zu seinem Bruder Abel eine Gabe, aber nicht sich selbst. Das kennzeichnet Religion: etwas opfern, aber selbst außen vor bleiben.

Babel ist religiös

Gott mit einer kultischen Handlung abzuspeisen, aber keinen lebendigen Umgang mit ihm pflegen, das ist Religion. Anders ausgedrückt: Das Wesen des Kreuzes Jesu Christi ist einerseits die eigene Hingabe an Gott und andererseits die Kreuzigung des Antigöttlichen. Diese Zusammenhänge lehnt Babel ab – und mit ihr tut das jede Macht, Kultur, Gesellschaft ohne den Gott der Bibel, ohne Jesus Christus. Gegen Christus vereinigten sich im entscheidenden Moment die verschiedenen Vertreter Babels: Kirche und Staat, Priester und Besatzer, jüdisches hohes Gericht, römisches Tribunal wurden Freunde, um Babel zum Sieg zu verhelfen.

Babel: Vergötterung des Menschlichen

Babel bewundert sich immer selbst und betet seine Schöpfungen an. Es will seine eigene Zukunft aus eigener Kraft ohne Gott gewinnen. Es vergisst dabei, dass alle seine Gaben von Gott kommen. Im Extremfall opfert Babel wie Kain zuerst Gott, dann wird zur Machterhaltung und Zukunftssicherung der Nächste gedemütigt und schließlich baut man auf den Trümmern seine eigene Kultur auf.

Jerusalems Wesen

Es ist notwendig, sich stets bewusst zu machen, dass Babel ein Bild für die gottlose Gesellschaft ist – auch in unserem Kulturkreis. Gerade das neue vereinte Europa bietet Anschauungsmaterial genug. Das einigende Band ist der Humanismus (Humanismus = menschenwürdiges Leben ohne Gott). Denken wir nur an die europäische Verfassungs-Präambel ohne Gottesbegriff. Andererseits ist Jerusalem in dieser Gegenüberstellung auch ein Bild für die Gemeinde Jesu, und zwar ohne dass dadurch die ewige Berufung Israels angetastet würde.

Babel schafft immer staatliches, organisiertes Zusammenleben von Gruppen und Stämmen in Ländern und Nationen.

Gott wirkt jedoch durch Offenbarung und nicht durch Macht. Sein Ziel ist Erlösung und Befreiung des Einzelnen von Zwängen – und nicht die neuerliche Knechtung des Menschen. Durch Offenbarung und Befreiung/Erlösung im Bereich des Menschlichen schaffte er durch Christus etwas völlig Neues: Die NT-Gemeinde verbunden mit dem gläubigen Israel. Organisch statt organisiert, lebendig und geistgeboren, zukunft-orientiert.

Jerusalem bedeutet:

- abhängig sein von Gott und seiner Offenbarung
- Gemeinschaft mit Gott, leben aus der Offenbarung
- dienen durch Vermitteln göttlicher Offenbarung an die Welt

Gemeinde ist nach dieser Definition nur dann Gemeinde, wenn sie aus der Offenbarung Gottes und als Schöpfung des Geistes entstanden ist und ihre Existenzberechtigung darin sieht, ihre Geistes-Erkenntnis weiterzugeben.

Jerusalem:
abhängig von Gott und seiner Offenbarung

Jerusalem entsteht nie aus einer religiösen Entwicklung. Es ist nie ein Bild für Gott innerhalb eines Menschenwerkes, sondern es geht um den Menschen innerhalb eines göttlichen Werkes. Das Reich Gottes entwickelt, verändert den Menschen – nicht umgekehrt. Gott beruft den Menschen, an seiner Gerechtigkeit teilzuhaben und dadurch selbst gerecht zu werden und als Priester und Prophet diese einzigartige Offenbarung „nicht für sich zu behalten". Erst die göttliche Offenbarung, dann der handelnde Glaube des Menschen. Der Prophet ist nie Autor, Schöpfer, sondern Empfänger und Überbringer der göttlichen Offenbarung.

Jerusalem: Gemeinschaft mit Gott

Christen leben nicht von früheren Erfahrungen, sondern sie leben von den andauernden Wirkungen, die sie im Umgang mit Gott empfangen. „Denn alle, die sich vom Geist Gottes leiten lassen, die sind Kinder Gottes“ (Römer 8,14). Jesus sagt: „Wer in mir bleibt und ich in ihm, der bringt viel Frucht – ohne mich könnt ihr nichts tun“ (Johannes 15,5).

Jerusalem ist auch nicht die Summe menschlicher Frömmigkeit. Immer fängt alles mit Gott an und dann handeln Menschen für Gott. Das Reich Gottes setzt nicht einmal Frömmigkeit im Menschen voraus, sondern diese wird durch den Geist Gottes erst erzeugt. Das Reich Gottes wird erst durch Gottes fortlaufendes Handeln gebracht. Der Mensch bleibt abhängig von Gott. Ein unabhängiges, religiöses Ichleben bringt Schriftgelehrte und Pharisäer hervor, aber keine Jünger Jesu.

So wahr dies auch ist, es ist die eine Seite der Medaille. Die andere zeigt Jünger Jesu, die weltoffen und nicht weltfremd und weltfeindlich leben. Sie haben die Welt lieb wie ihr Meister. Sie haben eine völlig neue Einstellung zu ihr gefunden. Sie möchten der Welt so viel wie möglich geben, im Dienen und Helfen die Welt für den Meister öffnen.

Jerusalem: Prophetische Mission

Jerusalem ist die Empfängerin, die Dolmetscherin der Offenbarung Gottes. Inhalt ist immer Christus. Sie selbst als Neuschöpfung Gottes und die Message vom anbrechenden Reich Gottes ist ihre prophetische Mission. Als Teil des Wirkens Gottes trägt sie eben dieses Wirken in die Welt hinein. Deshalb ist die Gemeinde kein sporadischer Propagandadienst für Christus, sondern ein bleibender Zeugen- und Prophetendienst.

Religionen müssen für sich werben, hinter der Gemeinde Jesu steht die göttliche Sendung. Sie ist versöhnlich und gesalbt. Die Reichweite der Gemeinde geht so weit, wie Christus durch sie wirkt. Ohne Christus, außerhalb von Christus, ist nichts von ihr zu erwarten. Sie dient der Welt nur, wenn sie das Königreich Gottes der Welt zu erschließen und zu beleuchten vermag. Das kann sie nur, wenn sie die Zusammenhänge kennt. Sie kann Erlösung nur insoweit verkündigen, als sie selbst erlöst ist. Und nur insoweit die Offenbarung Gottes verkündigen, als sie selbst im Lichte der Offenbarungen lebt und wirkt.

Daniel blieb dran

Diese Gesamtsicht hatte Daniel sicher nicht komplett im Augenblick der Belagerung Jerusalems, sondern mit seinem geistlichen Wachsen und Reifwerden in Jerusalem und Babel entwickelte sie sich. In seiner zunehmend innigen Beziehung zu Gott – im Erleben göttlicher Treue – wuchs diese Erkenntnis. Daraus ergaben sich im weiteren Verlauf des Buches Daniel auch seine umfassenden prophetischen Einsichten, die auch für uns heute von ganz entscheidender Bedeutung sind.

AUF DEN PUNKT GEBRACHT: *Babel und Jerusalem unterscheiden lernen. Erweckte, lebendige Christen werden irgendwann zu Namenschristen, wenn sie nicht wirklich mit Gott gehen, ebenso Gemeinden, Kirchen, Werke.*
TIPPS: *offensiver, kreativer Umgang mit allen Menschen*
HÜRDEN: *ausgetretene Pfade, langjährige Passivität*
STÄRKEN: *Hunger nach grundlegender Veränderung und prophetischer Einsicht*
SCHWÄCHEN: *abgestumpft sein, Fehlen persönlicher Werte*

DANIELS ERMUTIGUNG

Das Wesen der Gesellschaft studieren und verstehen – das erleichtert den Umgang mit ihr und eröffnet nie gekannte Chancen.

Kapitulation des Äusserlichen

Und der Herr gab Jojakim, den König von Juda, in seine Hand und einen Teil der Geräte des Hauses Gottes. Und er brachte sie ins Land Schinar, in das Haus seines Gottes: die Geräte brachte er in das Schatzhaus seines Gottes. (Anm.: Schinar ist die Ebene Babyloniens, die zwischen Euphrat und Tigris liegt; Daniel 1,2)

Zusammenhänge

Der Weltstaat und seine Gesellschaft und das Gottesreich mit Israel und der Gemeinde Jesu stehen sich in der menschlichen Geschichte gegenüber. Sie kämpfen auf verschiedenen Ebenen: Der Weltstaat gegen die Vertreter Gottes und die Vertreter Gottes für die Menschen des Weltstaates. Das Wissen um diese Konstellationen ist wichtig.

Tragisch: Das Ungöttliche gewinnt

Zurück zu Daniel: Dieser stellte erschreckt fest, dass Gott selber seine Stadt mit ihren Menschen mit den Mitteln militärischer Macht in die Hand der Weltmacht gab. Es war schwer für ihn zu verstehen, dass sein König Jojakim von Nebukadnezar zu dessen Statthalter eingesetzt wurde. Und dass man in Jerusalem nichts mehr tun durfte, ohne zuvor bei Nebukadnezar eine Genehmigung dafür eingeholt zu haben.

Daniel: Die größte Veränderung seines Lebens

Noch schwerer tat er sich damit, den Abtransport eines Teils der heiligen Geräte aus dem Tempel beobachten zu müssen. Das durfte nach seiner Meinung niemand tun. Aber viel Zeit hatte er gar nicht zum Nachdenken, denn die Soldaten kamen auch zu ihm und zu seinen Freunden, um sie mit anderen jungen Männern gefangen nach Babel wegzuführen.

Am Anfang des Neuen steht ein langer Weg

Ein langer Marsch stand ihnen bevor. Wochenlang in der staubigen Wüste, ein langer Treck von Soldaten, dazu die jüdischen Männer, die ins Exil mussten. Die Behandlung durch die siegreichen Babylonier war schließlich besser als erwartet. Und erstaunt entdeckte er immer wieder Anzeichen dafür, dass es Gott selbst war, der das alles veranlasst hatte. Da war für ihn klar, dass er trotz der gewaltigen persönlichen Veränderung dem Gott seiner Väter vertrauen wollte.

Babel ist nicht das letzte Wort Gottes

Interessant war für ihn zudem, dass mit dem Untergang des freien Jerusalem weder Gott selbst noch seine offenbarende Realität von der Erde verschwunden waren. Und dass er Gott auch auf der Reise und selbst in Babylon erlebte. Von Gott her gesehen ist Babel nie das letzte Wort. Das ist sicher auch ganz wichtig für uns in unserer heutigen Gesellschaft. Gott ist auch da, wo wir ihn nicht erwarten und wo wir aus purer Angst nicht hingehen würden. Dazu gilt: Gott hält das Böse immer im Zaum und setzt ihm seine Grenzen.

Trotzdem ist es tragisch zu sehen, wie die berufene Trägerin des Ewigen dem Vergänglichen unterliegt. Das, was durch eigene menschliche Kraft zu glänzen versuchte, was sich selbst anbetete, bezwang den Träger der göttlichen Offenbarung. Wie konnte das passieren?

Geläutert wie Gold

Wenn man die Jahrtausende der Geschichte betrachtet, stellt man leicht fest, dass die Vertreter des Göttlichen als Ganzes immer eines Tages in Babel endeten. Während Abraham mit seiner Familie noch im Glauben lebte und im Geiste der Offenbarung der Welt den lebendigen Gott verkündete, mussten schon Jakobs Söhne den Ägyptern als Sklaven dienen. Danach griff Gott ein und befreite sein Offenbarungsvolk. Der Heilige Geist führte es in eine neue Umgebung und ließ es erleben, was es bedeutet, abhängig von Gott zu sein. Aber schon Jahrhunderte später wanderte das Gottesvolk wieder in die Gefangenschaft Babels. Gott läuterte sein Volk durch Leiden immer wieder aufs Neue.

Was gut beginnt …

Als Christus kam, um den Erwählten den Vater zu zeigen, erzwangen diese die Verurteilung und Kreuzigung des Gesandten Gottes. Den Namen Gottes hatten sie noch, aber die Seele Babels war bereits in ihnen. Sie hüteten sorgfältig die Offenbarungen der Vergangenheit, aber sie kämpften längst mit Babels Mitteln. Die Geburtsstunde der Gemeinde war ein großartiger Neuanfang. Die Offenbarung des Ewigen brach erneut in die Menschheit ein. Aber schon wenige Jahrhunderte danach endete der Lebensraum für die Herrschaft Christi auf Erden in Rom.

… endet tragisch

Rom legte sich zwar den Namen des Gottesreiches zu (denken wir an das „Heilige römische Reich deutscher Nation“), seine Verfassung wurde die Organisation der Kirche. Die Kirche war nicht mehr lebendige Zeugin vom Heil Gottes, sondern nur noch Verwalterin des Heils. Sie war nicht mehr Prophetin der Offenbarung, sondern deren Hüterin. Sie glänzte als Weltorganisation mit Begriffen und Ritualen des Göttlichen.

Rom als Fortsetzungsroman

Im Mittelalter brach die Offenbarung Gottes in Form der Reformation wieder in die Menschheit ein und die Menschen begannen erneut, Gott im Geist und in der Wahrheit anzubeten. Aber auch hier war nach ein paar Jahrhunderten die Kirche, die Gemeinde, festgefahren im Weltlichen – weit weg von der Aufgabe, Dolmetscherin der aktuellen großen Taten Gottes zu sein.

Die Trägerin der Offenbarung Gottes ging jeweils erst in der Welt unter, als Gott sie in die Hände der Welt gab. Der Herr übergibt der Welt nur das, was der Welt bereits gehört. Erst, wenn die Gemeinde sich mit dem Geist der Welt identifiziert und sich mit deren Mitteln ihre Existenz sichern will, dann wird sie schutzlos wie die Stadt Jerusalem gegenüber Babel. Wenn die Kirche fleischlich wird, teilt sie die Katastrophen des Fleisches. Das lässt sich schon lange vorher absehen. Mit Jojakim gingen in den Folgejahren nicht nur die Träger der weltlichen Macht, sondern auch die geistlichen Führer Jerusalems in Gefangenschaft nach Babel. Und mit den sieben Gemeinden der Sendschreiben aus Offenbarung 2 und 3 gingen die einst blühenden Gemeinden der kleinasiatischen Kirche auf ähnliche Weise zugrunde.

Jerusalem war selten genug Trägerin der Offenbarung

Was hat die Geschichte nicht alles hervorgebracht: Die ersten Christen waren Israeliten. Dann kamen andere Nationen dazu. Wenig später kamen Menschen auf die Idee, dass man nicht gleichzeitig Jude und Christ sein kann. Dann rebellierte das religiöse und politische Jerusalem gegen die Römer – und die Zerstreuung der Juden in alle Welt begann. Ihre gnadenlose Verfolgung durch die frühe Kirche schloss sich an. Dabei sollten doch beide – Juden und Christen – zusammen in die Welt gehen und Christus verkünden (Epheser 2,14). Nahezu 1800 Jahre später erlaubte Gott die Neugründung Israels, die Rückkehr der Juden aus aller Welt. Die ersten messianischen (christusgläubigen) Juden verbanden Jüdischsein mit Christusnachfolge. Wenig später belebte der Heilige Geist die Kirche. Und da stehen wir jetzt. Was wird wohl danach kommen? Fest steht: Babel ist und hat nicht das letzte Wort auf dieser Welt. Am Ende wird die ewige Gottesstadt Jerusalem stehen und Gott wird dort regieren. Im Durchbuchstabieren der ewigen Offenbarungen und der Tatsachen der Geschichte liegt für uns und unseren Auftrag an die Welt ein großer Segen.

Babel blieb Babel

Das Unrecht Nimrod'scher Strukturen hat in der gleichen Zeitspanne Millionen Menschen leiden lassen. Und die heiligen Pläne Gottes auf der Erde brachten immer wieder Menschen hervor, die prophetisch das Bild vom Gott wohlgefälligen Jerusalem aufrichteten. Darum geht es heute wieder. Die Nimrod'schen Strukturen nicht sich selbst überlassen, sondern mit Augenmaß prophetische Keile in ihre Ordnungen hineintreiben.

Zurück zu Daniel

Fatal: Die Mitnahme der heiligen Geräte aus dem Tempel bedeutete in den Augen der Welt den Sieg des Gottes Marduk von Babel über den Gott Jahwe von Jerusalem. Auch in unseren Tagen wird das jüdisch-christliche Erbe „weggetragen" zugunsten selbstgemachter Lebens-Programme und Gottheiten.

AUF DEN PUNKT GEBRACHT: *nicht jedem Label glauben, auf dem „Gott" steht*
TIPPS: *Eckpfeiler der Geschichte kennen*
HÜRDEN: *ideologisch festgefahren sein („Teile der Bibel sind nicht für heute" u. ä.)*
STÄRKEN: *Freude haben an dieser Zeit und ihren Möglichkeiten*
SCHWÄCHEN: *kritische Haltung gegenüber Gemeinden, Gemeinde-Hopping*

DANIELS ERMUTIGUNG

Gott schützt nichts, was ohne ihn geplant und gebaut wurde. Gott schützt, was ihn meint, was ihn sucht, was ihm gehört, was ihm gehorcht, was ihn liebt. Auch dich!

Youth with a Faith

Der König befahl dem Aschpenas, dem Obersten seiner Hofbeamten, er solle einige von den Söhnen Israel bringen, und zwar vom königlichen Geschlecht und von den Vornehmen: junge Männer, an denen keinerlei Makel sei, von schönem Aussehen und verständig in aller Weisheit, gebildet und von guter Auffassungsgabe, und die somit fähig seien, im Palast des Königs zu dienen; und man solle sie Schrift und Sprache der Chaldäer lehren. Und der König bestimmte ihre tägliche Versorgung von der Tafelkost des Königs und von dem Wein, den er trank, und dass man sie drei Jahre lang erziehen solle; und nach deren Ablauf sollten sie in den Dienst des Königs treten. Und unter ihnen waren von den Söhnen Juda: Daniel, Hananja, Mischael und Asarja. Und der Oberste der Hofbeamten gab ihnen andere Namen; er nannte Daniel Beltschazar, Hananja Schadrach, Mischael Meschach und Asarja Abed-Nego. (Daniel 1,3-8)

Daniel, der Eliteschüler

Nebukadnezar war nicht dumm. Auf dem Höhepunkt seiner Macht wollte er eine Mannschaft von klugen und verständigen Beratern an seinem Hof vereinigen, sodass Fehlentscheidungen und Falscheinschätzungen schon im Vorfeld vermieden werden konnten. Seine Meinung über die gefangenen Israeliten war offenbar so positiv, dass er einige jüngere, adelige, gut aussehende Männer von den Exilanten einem Einstellungstest unterziehen und vier davon am Hof ausbilden ließ.

Daniels Gaben

Junge Männer ohne erkennbaren Makel: weder körperlich noch mental, noch emotional. Das erinnert an unsere gegenwärtige Diskussion über die Förderung Hochbegabter. Daniel war dabei. Das deutet an, von was für einem Kaliber der junge Israelit war. Ein Klassetyp, hochintelligent, freundlich, höflich, selbstbewusst, zielstrebig und top-gesund. Ein „Catch-your-Dream"-Typ.

Diese Qualifizierung ist natürlich nur bedingt für uns brauchbar. Was aber auch für uns gilt: Wir müssen echt sein, müssen wir selbst sein, müssen wissen, wer wir in Christus sind. Im übertragenden Sinne heißt es: Im Dienste unseres Königs Jesus können wir für verschiedene Tätigkeitsfelder ausgewählt werden, für die wir taugen, fit und begabt sind.

Kann das Gottes Wille sein?

Ziel jedenfalls war die qualifizierte Beratertätigkeit am Hofe Nebukadnezars in einem ganz bestimmten Fachgebiet. Dazu musste in der Grundausbildung die Schrift und die Sprache der Chaldäer erlernt werden. Unter diesen Bedingungen wurden die vier weggeführten jungen Juden in der Eliteschule eingeschrieben. Das bedeutete für sie aber auch einen dreijährigen Unterricht in den Wissenschaften der chaldäischen Magier und Priester. Weit weg waren Eltern, Lehrer, Priester und andere Bezugspersonen in Jerusalem, die die Jungen so sehr gebraucht hätten. Manchmal hat das aber auch Vorteile, denn es verhindert Vermischung von verschiedenen sich widersprechenden Ausbildungssystemen.

Vor allem aber: Gott war da. Und der schreibt seine Geschichte mit einem Menschen, der von ihm abhängig ist. Und den Lebensbedingungen drückt er auch seinen unverwechselbaren Stempel auf, bei Daniel und bei uns.

Kann Gott denn wirklich wollen, dass wir, wenn wir an ihn gläubig geworden sind, einem gottlosen Chef mit einer okkulten Priesterschaft dienen? Hhm … aber hat Gott nicht auch gesagt, dass er am liebsten möchte, dass alle Menschen zur Erkenntnis der Wahrheit kommen?

Das ist heftig

Nicht nur Verschleppung in einen anderen Lebensraum, in dem alles für sie fremd war, ein fernes Land mit einer anderen Sprache und Kultur, sondern Eintritt in ein religiös-okkultes Ausbildungssystem – mit großen Privilegien zwar, aber gleichzeitig mit enormen Zwängen. Das ist das Spannendste an dieser Situation. Wie würden wir reagieren? Tapfer „nein" sagen und zusehen, was dann wird? Oder Gott vertrauen, dass er uns auch an den ungewöhnlichsten Plätzen der Gesellschaft einsetzen kann? Und die Gesellschaft hat wirklich viele Orte, Gruppen und Subkulturen, wo die Botschaft vom Licht noch nie hinreichte.

Petrus und wir

Petrus hätte sicher gesagt: „Nein, Herr, du weißt doch, das mache ich nicht." Und der Herr hätte ihn schließlich doch dazu gebracht. Können wir uns ähnliche Herausforderungen heute vorstellen? Irgendwo mitzuarbeiten, wo man ausdrücklich gegen Christus ist?

Daniel blieb positiv

Schon während dieser Ausbildung genossen die Gefangenen hohes Ansehen als zukünftige Berater des Königs. Das war die Eliteausbildung auf einer Eliteschule. Alle, die mit ihnen zu tun hatten, mussten respektvoll mit ihnen umgehen. Aber Daniel und seine Freunde hatten sich komplett der Ausbildungsordnung bei Hofe unterzuordnen. Zudem wurden sie von den übrigen Juden getrennt und ganz und gar in das babylonische Hofleben integriert.

Daniel geht an die Grenzen

Sie waren so privilegiert, dass sie auch die feinen Speisen von des Königs Tafel essen und seinen Wein trinken durften. Daniel wusste: Die Welt kann sehr tolerant sein, wenn sie die Heiligen Gottes in ihren Dienst stellen kann. Die Welt hat stets ein Interesse daran, die Heiligen Gottes von ihrer eigenen Weltanschauung und ihrer eigenen Zukunftsvision zu überzeugen. Diese Gefahr müssen wir auch sehen.

Die Namensänderung

Das Schlimmste aber war die von oben verordnete Namensänderung. Daniel heißt „Gott richtet". Und auch die Namen der anderen jungen Männer bezogen sich auf den Gott Israels und sagten zudem noch etwas über die Persönlichkeit ihres Trägers aus. Die neuen Namen erinnerten allesamt in irgendeiner Weise an den Gott Babels. Aber selbst hier rebellierten die vier jungen Männer nicht. Sie wussten sich offenbar im perfekten Willen Gottes.

Gott aber weiß, was er tut

Die vollzogene Namensänderung zeigt, wie sehr die Welt die Glieder der Gemeinde an ihrem eigenen Wesen beteiligen will. Jerusalem war also in Babel gewissermaßen aufgegangen, und das mit Gottes ausdrücklicher Billigung. Aber Gott wäre nicht Gott, würden daraus nicht neue, nie gekannte Chancen erwachsen, die Spur der Offenbarung Gottes doch in die Welt zu tragen. Nur eben anders als erwartet.

Auf den Punkt gebracht: *Optimismus und Realismus bringt Gunst. Nicht zu eng denken.*
Tipps: *weiträumiger denken lernen*
Hürden: *vergangene Enttäuschungen*
Stärken: *sich durch nichts abschrecken lassen, Gott vertrauen*
Schwächen: *Ergebnisse selbst produzieren wollen*

Daniels Ermutigung

Wenn sich die Umstände noch so stark verändern – Gott bleibt derselbe treue, fürsorgliche Vater.

Das Prinzip der integren Mini-Gruppe

Aber Daniel nahm sich in seinem Herzen vor, sich nicht mit der Tafelkost des Königs und mit dem Wein, den er trank, unrein zu machen; und er erbat sich vom Obersten der Hofbeamten, dass er sich nicht unrein machen müsse. Und Gott gab Daniel Gnade und Erbarmen vor dem Obersten der Hofbeamten. Und der Oberste der Hofbeamten sagte zu Daniel: Ich fürchte meinen Herrn, den König, der eure Speise und euer Getränk bestimmt hat. Denn warum sollte er sehen, dass eure Gesichter schlechter aussehen als die der jungen Männer eures Alters, so dass ihr meinen Kopf beim König verwirktet? Da sagte Daniel zu dem Aufseher, den der Oberste der Hofbeamten über Daniel, Hananja, Mischael und Asarja bestellt hatte: Versuche es doch zehn Tage lang mit deinen Knechten, dass man uns Gemüse zu essen und Wasser zu trinken gebe! Und dann möge unser Aussehen und das Aussehen der jungen Männer, die die Tafelkost des Königs essen, von dir geprüft werden! Dann verfahre mit deinen Knechten je nachdem, was du sehen wirst! Und er hörte auf sie in dieser Sache und versuchte es zehn Tage mit ihnen. Und am Ende der zehn Tage zeigte sich ihr Aussehen schöner und wohlgenährter als das aller jungen Männer, die die Tafelkost des Königs aßen. Da nahm der Aufseher ihre Tafelkost und den Wein, den sie trinken sollten, weg und gab ihnen Gemüse. Und diesen vier jungen Männern, ihnen gab Gott Kenntnis und Verständnis in jeder Schrift und Weisheit; und Daniel verstand sich auf Gesichte und Träume jeder Art. Und am Ende der Tage, nach denen der König sie zu sich zu bringen befohlen hatte, brachte der Oberste der Hofbeamten sie vor Nebukad-

nezar. Und der König redete mit ihnen; und unter ihnen allen wurde niemand gefunden, der wie Daniel, Hananja, Mischael und Asarja gewesen wäre. Und sie dienten dem König. Und in jeder Angelegenheit, die der König von ihnen erfragte und die ein verständiges Urteil erforderte, fand er sie allen Wahrsagepriestern und Beschwörern, die in seinem ganzen Königreich waren, zehnfach überlegen. – Und Daniel blieb bis zum ersten Jahr des Königs Kyrus. (Daniel 1,8-21)

Jetzt zieht Daniel eine Grenze

Die vier jungen Israeliten stimmten ohne jede Diskussion der Ausbildung am Hofe des Königs von Babel zu. Aufnahme in den Magierorden, Ausbildung in einem System mit antigöttlichen Wertvorstellungen, Änderung ihrer Namen, die jetzt auf die Götzen Babels Bezug nahmen, Unterordnung unter einen Despoten und aktive Mitarbeit an seiner Machterhaltung – das alles war für sie kein Problem.

Daniel ist wachsam und ausgewogen

Mir fällt auf, dass sich Daniel in der Fremde schnell akklimatisierte und dass er furchtlos war. Das heißt, er plapperte nicht alles heraus, was ihm einfiel, sondern er konzentrierte sich auf seine Ausbildung, die Menschen, mit denen er zu tun hatte, und vor allem auf seine Beziehung zu Gott.

Wenn die Gnade kommt

Als er innerlich klar erkannte, dass er die Speisen des Königs nicht essen würde, weil sie den Vorschriften des mosaischen Gesetzes nicht entsprachen, polterte er nicht gleich los. Vielmehr erklärte er dem Obersten der Hofbeamten die geistliche Sachlage in geeigneter Form. Und sofort kam die Gnade und das Erbarmen Gottes dazu (Vers 9).

Gott ist sehr schnell da

Im Gegensatz zu Daniel war der Oberste ein ängstlicher Mensch. Vor allem fürchtete er sich vor dem jungen König Nebukadnezar, seinem Arbeitgeber. Dieser hatte absolute Macht über seine Angestellten und konnte sie also auch ohne Gerichtsverfahren töten – oder am Leben lassen. Dieser Unsicherheit war der Oberste nicht gewachsen. Hier endete seine Risikofreude.

Daniel ging auf den Vorgesetzten ein

Daniel erwirkte schließlich einen Kompromiss, indem er eine zehntägige Gemüse-/Wasser-Kur für sich und seine Freunde vereinbarte. Sollten die vier Freunde danach schlechter aussehen als die anderen Auszubildenden bei Hofe, dann könnte man immer noch auf die Kost des Königs zurückgreifen (siehe Vers 14).

Daniel zeigt absolute Integrität

Daniel war der erste, der eine Glaubensgrenze zog. Das innere Zeugnis, als Ergebnis der Beziehung zu Gott, verbot ihm, das mosaische Gesetz zu übertreten. Das heilige „Stoppschild“ wurde erst an dieser Stelle aufgestellt – und Gott honorierte die Festigkeit Daniels. Und Gott handelte: Am Ende der zehn Tage sahen Daniel und seine Freunde besser aus als alle anderen, die die Kost des Königs gegessen hatten.

Gott gestaltet Beziehungen

Wir haben hier drei handelnde Personen: Daniel, der Oberste der Hofbeamten und Gott, der seinem Kind Daniel mit Gnade und Erbarmen beistand. Dies ist das durchgängige Muster der Bibel. Menschen handeln und die Ergebnisse ihres Handelns werden durch den unsichtbaren Gott herbeigeführt. Oft denken wir nicht daran – und dennoch ist es so. Wer mit Gott in Übereinstimmung ist, kann davon ausgehen, dass Gott mit Gnade und Erbarmen bei ihm ist.

Gott will klare Verhältnisse

Sobald aber die Gemeinde Gottes des alten Israel und die Kirche Jesu Christi es wagte, sich der Welt und der Gesellschaft anzugleichen und nicht mit Gott in Übereinstimmung zu sein, begab sie sich auf die Ebene, für die sie nicht geschaffen war. Sie musste mit den Waffen kämpfen, die sie nicht beherrschte. Gottes Gnade konnte nicht wirksam werden. Am Ende teilte sie die Entwicklung der Welt.

Daniel biedert sich nicht an

Aber es gab und gibt in Jerusalem und in der Gemeinde Jesu Einzelne oder Gruppen, die diesen Weg nicht mitgingen und mitgehen. Daniel ist ein Vorbild. Nicht schwammige und verallgemeinernde Gesetzlichkeiten, nicht selbst entwickelte Schwarzweiß-Malereien, sondern es gilt, von Gott gezeigte Grenzlinien einzuhalten. Das bedeutet es, wenn wir sagen: „Nicht von der Welt – wohl aber in der Welt." Und: Die Liebe zu den Menschen dieser Welt, die unser Vater im Himmel hat, die soll auch uns antreiben.

Gott belohnt Treue

In unserem Text werden die vier jungen Männer nach Babel verpflanzt, im Wissen der Chaldäer erzogen, zum Hofdienst einer Weltmacht verpflichtet – doch blieben sie, was sie waren: Juden, gläubig an den Gott Israels, den Offenbarungsgott, und sie lebten in einer lebendigen Beziehung zu ihm.

Unschuldig: doch mitgefangen

Trotz ihres Glaubens mussten sie mit den anderen ins babylonische Exil. Wäre die Mehrheit der Juden in der Glaubenshaltung der jungen Männer um Daniel geblieben, dann hätte Gott Israel wohl nicht in die Hände Nebukadnezars gegeben. Wenn Israel seinem Gott treu war, fand es kompletten Schutz bei ihm. Das zeigt die Geschichte dieses Volkes. So mussten die Unschuldigen die Schmach des ganzen Volkes mittragen. Aber Gott hat die Hand im Spiel. Für die vier jungen Männer ist der Aufenthalt in Babel nicht das Gleiche wie für die anderen. Für Daniel und seine Freunde wird das Exil eine Gelegenheit zum priesterlichen und prophetischen Dienst, zu dem sie schon aufgrund ihres Glaubens berufen waren.

Daniel: Segensbringer und Ermutiger

Solche Dienste sind überall möglich. Was am Hofe Nebukadnezars im stock-okkulten Babylon geht, ist auch anderswo möglich. Durch die lebendige Beziehung zu Gott und in der Freiheit des Geistes erwartet die vier ein aufregendes, kraftvolles Leben im Glauben. Vier junge Männer segnen Babel. Sie suchen und finden jede Menge Segensquellen. Sie kommen ganz groß raus, denn Gott ist mit ihnen. Sie mussten sich allerdings entscheiden: totale Anpassung auf der Ebene der Welt oder auf der Ebene des Geistes zu wandeln und Dolmetscher der Liebe Gottes zu sein. Genau das sind auch unsere Alternativen.

Gott: allgegenwärtig

Gott war also nicht in Jerusalem geblieben. Er ist stets bei denen, die ihn lieben, egal, wo sie gerade sind. Gott fürchtet sich vor niemandem, nicht vor Babel und auch nicht vor dunklen Orten unserer Zeit. Das ist gut zu wissen. Im Geist mit Gott verbunden – das ist die einzige Rüstung, die wir brauchen.

Heilige Grundsätze

Wenn schon Jerusalem mit seiner Tradition den babylonischen Horden nicht standhalten konnte, wie sollen das vier halbwüchsige junge Männer im Zentrum babylonischer Macht können? Andere Sprache, andere Sitten, andere Religion, andere Machtverhältnisse: Können sich vier unerfahrene jüdische Jungen in diesem Umfeld den lebendigen Glauben an ihren Gott erhalten – machtlos, hilflos wie sie sind? Fühlst du dich auch manchmal so hilflos?

Daniel: Erste Schritte

Die erste Mut- und Machtprobe ließ nicht lange auf sich warten. Die Jünglinge beschlossen, nicht von der Tafel Nebukadnezars zu essen, da sie wussten, dass die Speisen zuerst den Göttern geweiht wurden. Damit wollten sie sich aber nicht verunreinigen. Das Wort Gottes war ihnen wichtiger als die schmeichelhafteste Anordnung des Königs.

Daniel: Gott an die erste Stelle

Das Gewissen, das sich im Umgang mit Gott herausgebildet hatte, konnte nicht zum Schweigen gebracht werden, auch nicht durch eine königliche Verordnung. Hier wird etwas ganz Wichtiges sichtbar: Daniel und seine Freunde hatten sich voll in den Dienst des Königs gestellt. Sie murrten nicht, sie schimpften nicht, sondern sie dienten mit all ihren intellektuellen Möglichkeiten. Aber die innere Hingabe an Gott und seine Offenbarung – das war etwas anderes. Sie wechselten den Ort, die Stelle, die Sprache und was sonst nicht alles, aber sie wechselten weder ihren Gott, noch änderte sich ihre Herzenshaltung zu ihm. Da blieben sie bei ihrem „Nein“ – und stellten sich damit gegen den ausdrücklichen Willen des Königs.

Daniels Rückblick: Wie ist es gelaufen?

Zwei Alternativen standen Daniel zur Verfügung: sich unter den Befehl des Königs zu beugen oder harte Strafen in Kauf zu nehmen. Wenn da nicht Gott gewesen wäre. Der Global Player #1 hat in unnachahmlicher Weise sofort eingegriffen. So ist Gott – im Großen wie im Kleinen. Er greift ein, wenn die Voraussetzungen auf unserer Seite stimmen. Und das ist unsere Verantwortung: dass Glauben und Gehorsam sich verbinden.

Daniel: Im Segen Gottes bleiben

Daniel findet Wege, mit Gemüse und Wasser optimale und geistlich unproblematische Nahrung zu bekommen und dabei die anfänglichen Zweifel des Chef-Hofbeamten zu zerstreuen. Daniel vertraute in kindlicher Weise, dass Gott ihn und seine Freunde nicht würde zuschanden werden lassen. Glaube handelt auf das Wort Gottes hin, und nicht etwa, weil er ein bestimmtes Ziel erreichen möchte. Das ist ein himmelweiter Unterschied.

Die göttliche Offenbarung aus der Vergangenheit („Iss kein Götzenfleisch!") ist die Triebfeder für Daniel, nicht der vor ihm liegende Segen („Ich sehe besser aus, damit der König mir nichts antut"). Um ehrlich zu sein: Ich halte dies für ganz entscheidend. Und wir können davon lernen. Deshalb nehmen wir den Glauben Daniels so genau unter die Lupe, um dadurch ermutigt und gefestigt zu werden für unseren eigenen Weg und es ihm gleichzutun in ähnlichen Situationen unseres Alltags.

Gott segnet den Obersten

Diese zehn Tage reichten, um den Glauben zu rechtfertigen. Das gute Aussehen der jüdischen Jungen bewegte den Küchenmeister, die Wünsche der Vier auch weiterhin zu berücksichtigen. Dass Gott dahinter stand, ist für Daniel offensichtlich, nicht aber für den Obersten. Aber der Oberste konnte mit königlicher Belobigung rechnen, weil die vier jüdischen Jungen topfit waren.

Der erste Glaubensschritt hatte sich für alle gelohnt. Nicht nur, dass die Jünglinge aus Israel besser aussahen als ihre Kollegen, sondern sie waren in ihren intellektuellen Möglichkeiten allen anderen haushoch überlegen. So ist Gott. Zudem hatte Daniel in besonderer Weise übernatürliche Gaben bekommen, mit denen er Träume deuten und Eindrücke verständlich machen konnte.

Gott möchte uns alles sein

Gott war alles, was sie hatten. Aber der genügte ihnen auch. Mit ihm zusammen konnten sie buchstäblich über Mauern springen. Die vier Freunde wirkten nach außen hin schwach, innen waren sie durch die Verbindung zu ihrem Gott wahrhaftig stark. Die göttliche Wahrheit und Gottes Gegenwart rechtfertigt den, der an sie glaubt. Zudem hatten sie die freudige Zustimmung des an sich ängstlichen Hofmarschalls. Sie hatten Gunst bei Hofe.

Von Gott legitimiert

Einen Zweig chaldäischer Gelehrsamkeit bildete die Erforschung der Gestirne. Man berechnete damals schon die Bahnen der Planeten, um daraus einen Kalender herzustellen. In engem Zusammenhang dazu stand die Traumdeutung. Träume, so glaubte man, seien Eingebungen der Götter, und so mussten die Gelehrten die Träume der wichtigen Leute im Lande immer wieder deuten. So glaubte man, Schicksale voraussagen zu können und schädliche Einflüsse fernzuhalten. Daniel und seine Freunde hatten sich entschlossen, in diese Welt der Chaldäer und ihre okkulten Praktiken einzutauchen. Gleichzeitig wollten sie sich aber nicht versündigen. Die Weisheit der Chaldäer hatte zweifellos ihre Reize: Sternkunde, Geschichtswissen, Götterlehren, Aberglaube – reizvoll und gefährlich. Daniel musste sich zwischen Wahn und Wahrheit seinen Weg bahnen. Dadurch wuchs auch sein Unterscheidungsvermögen und die Klarheit der Erkenntnis unüberbrückbarer Gegensätze zum Glauben der Väter (Vers 17).

Gott: Treue mit Daniel – Daniel: Ausdauer mit Gott

Nach Ablauf von drei Ausbildungsjahren wurden die Jünglinge mit allen anderen Auszubildenden vor den König geführt, damit er selbst aus dieser Gruppe seine engsten Berater auswählen konnte. Niemand konnte mit den jungen Israeliten standhalten (Vers 20). Daniel und seine Freunde waren durch Gottes Eingreifen so haushoch überlegen, dass die Bibel sogar eine Zahl nennt: zehnmal! Und sie sagt: Sie dienten dem König (Vers 19)! Sie waren nicht in Opposition, geheimer Rebellion oder sonst was. Sie dienten dem fremden König treu und ergeben – und sie vertrauten in allem auf ihren Gott. Das ist ganz sicher auch ein Modell für uns in unserer von dämonischen Strukturen durchzogenen Welt.

Sichtbare Ergebnisse

Ihre guten Ergebnisse waren ihre Legitimation. Gott rechtfertigte Daniel und seine Freunde, die es gewagt hatten, in Feindesland an höchster Stelle verantwortlich mitzuarbeiten und sich doch ein reines Gewissen zu bewahren. Die Welt richtig zu verstehen, ihr in Wahrheit zu dienen und in ihren Katastrophen Hoffnung zu geben – das wird denen am besten gelingen, die Gott verstanden haben und die sich von göttlichen Grundsätzen bestimmen lassen. Interessant auch: Hier behält Jerusalem die Oberhand und nicht Babel. Die integre Mini-Gruppe besiegt Babel. Die kleine Gruppe von ernsthaft Gläubigen macht das Rennen – jedoch nicht ohne lebensbedrohliche Auseinandersetzungen, wie die weiteren Kapitel des Daniel-Buches zeigen.

Biblische Grunderkenntnis

Eins kann man nicht genug betonen: Babel ist nur auf seiner Ebene (siehe oben) stark. Babel ist am Ende aber immer dem Untergang geweiht. Jerusalem ist schwach, wenn es sich auf die Ebene Babels begibt. Gott ist immer stark und er stellt sich immer zu denen, die ihn ernst nehmen. Schließlich erklärt er Jerusalem zum ewigen Sieger. Diese ewige Konsequenz hilft uns.

Die Gesellschaft durchdringen

Erste Glaubensschritte sehen oft unscheinbar aus, aber sie bilden die Grundlage für große und Welt verändernde Taten

Gottes durch uns. Am Ende dieses Kapitels heißt es: Daniel blieb! Nicht Nebukadnezar blieb. Weltmächte kommen und gehen, aber der ewige Gott bleibt. Und wer den Willen Gottes tut, bleibt in Ewigkeit. Klingt fast zu einfach, als dass man es glauben könnte, aber es ist so. Daniel überlebte zwei Weltmächte und vier Könige.

In kleinen Einheiten denken

Ich glaube, dass wir in kleinen Stoßtrupps die Gesellschaft besser durchdringen können, als wenn wir in der Gesamtheit der Kirche auftreten. Natürlich gibt es auch solche Gelegenheiten. Aber der Einzelne, der sich nicht in einer großen Gruppe versteckt, sondern im Wind des Heiligen Geistes an ganz bestimmten strategischen Punkten in die Gesellschaft eindringt, der kann viel erreichen. Wir können auf diese Weise ganz offensichtlich die Gesellschaft auf allen Ebenen durchdringen mit mehr oder weniger kleinen Gruppen, die furchtlos ihrem Gott vertrauen und genau das tun, was er sagt.

AUF DEN PUNKT GEBRACHT: *kleine Gruppen in die Gesellschaft bringen*
TIPPS: *aus Hauszellen heraus aktiv werden*
HÜRDEN: *evtl. bestehende Regeln („Das haben wir schon immer so gemacht!") überwinden*
STÄRKEN: *gabenorientiert vorgehen*
SCHWÄCHEN: *zu kleiner Radius in die Gesellschaft hinein*

DANIELS ERMUTIGUNG

Durch die lebendige Verbindung zu Jesus durch den Heiligen Geist haben wir alle überragende Chancen, die Welt, in der wir leben, priesterlich-prophetisch mit dem Evangelium zu erreichen. Die dazu notwendige Nähe zur Gesellschaft kann uns nichts anhaben, wenn wir von Gott abhängig bleiben.

Die Ohnmacht der Futurologen

Und im zweiten Jahr der Regierung Nebukadnezars hatte Nebukadnezar Träume, so dass sein Geist beunruhigt wurde und sein Schlaf für ihn dahin war. Und der König befahl, dass man die Wahrsagepriester, die Beschwörer, die Zauberer und die Sterndeuter rufen sollte, dem König seine Träume mitzuteilen. Da kamen sie und traten vor den König. Und der König sprach zu ihnen: Ich habe einen Traum gehabt, und mein Geist ist beunruhigt, den Traum zu verstehen. Da sagten die Sterndeuter zum König auf aramäisch: O König, lebe ewig! Sage deinen Knechten den Traum! Dann wollen wir die Deutung kundtun. Der König antwortete und sprach zu den Sterndeutern: Die Sache ist von mir fest beschlossen: Wenn ihr mir den Traum und seine Deutung nicht mitteilt, dann werdet ihr in Stücke gehauen, und eure Häuser werden zu einem Misthaufen gemacht. Wenn ihr aber den Traum und seine Deutung kundtut, werdet ihr Geschenke, Gaben und große Ehre von mir empfangen. Darum tut mir den Traum und seine Deutung kund! Sie antworteten zum zweiten Mal und sagten: Der König sage seinen Knechten den Traum! Dann tun wir die Deutung kund. Der König antwortete und sprach: Ich weiß zuverlässig, dass ihr Zeit gewinnen wollt, weil ihr seht, dass die Sache von mir fest beschlossen ist: Wenn ihr mir den Traum nicht mitteilt, bleibt es bei eurer Verurteilung. Denn ihr habt euch verabredet, Lug und Trug vor mir zu reden, bis die Zeit sich ändert. Darum sagt mir den Traum! Und ich werde wissen, dass ihr mir seine Deutung kundtun könnt. Die Sterndeuter antworteten vor dem König und sagten: Es gibt keinen Menschen auf der ganzen Erde, der die Sache des Königs kundtun könnte, weil kein großer und mächtiger König jemals eine Sache wie diese von irgendeinem Wahrsagepriester oder Beschwörer oder Sterndeuter verlangt hat. Denn die Sache, die der König verlangt, ist zu schwer; und es gibt keinen anderen, der sie vor dem König kundtun könnte, als nur die Götter, deren Wohnung aber nicht bei den Sterblichen ist. Darüber wurde der König zornig und ergrimmte sehr, und er befahl, alle Weisen von Babel umzubringen. Und es erging der Befehl: „Die Weisen sollen getötet werden!" Und man suchte auch Daniel und seine Gefährten, um sie zu töten. (Daniel 2,1-13)

Was wohl kommen wird

Nebukadnezar hatte die Frage erwogen, was wohl nach ihm kommen werde. Er wollte mehr über die Geschichte der Menschheit wissen. Er selbst war in kurzer Zeit zum absoluten Herrscher über große Teile der damals bekannten Welt aufgestiegen. Das erschien ihm eigentlich unfassbar. Er wollte mehr über mögliche Zusammenhänge und über die Kräfte wissen, die dabei mitgewirkt hatten. Er wollte die tatsächlichen Macht- und Kräfteverhältnisse auf dieser Welt kennen lernen. Und so gab Gott ihm einen Offenbarungstraum, durch den er zu ihm reden wollte.

Gott weiß die Antwort

Das assyrische Reich war zusammengebrochen wie ein Kartenhaus und selbst der Jahwe-Staat Israel, von dem es hieß, er sei uneinnehmbar, hatte vor ihm kapituliert. Könnte ihm selbst etwas Ähnliches passieren? In seinem Traum zeigte Gott ihm den Verlauf der Weltgeschichte, inklusive seines eigenen Schicksals.

Unruhige Welt

Schweißgebadet wachte er auf. Vor Schreck hatte er den Traum vergessen. Doch er wusste, dass dieser von äußerster

Wichtigkeit für ihn war, dass Gott ihm etwas sehr Wichtiges habe mitteilen wollen. So war er hochgradig beunruhigt.

Die Welt leidet an sich selbst

Es ist für die uns umgebende Gesellschaft bezeichnend, dass sie schnell in Unruhe und Unsicherheit gerät, sobald sie mit einer höheren Macht in Berührung kommt, die sie offenbar nicht beherrschen kann. Die Welt kennt keine göttliche Führung auf allen Lebensebenen, sondern sie lebt aus Stimmungen der Seele heraus und von Äußerlichkeiten wie Geld, Macht, Anerkennung oder Belobigung. Wenn sie mit Offenbarungswissen konfrontiert wird, kann sie ohne priesterliche Hilfe nichts mit der dadurch erhaltenen Wahrheit anfangen. Da ihr Gewissen offenbar in solchen Momenten verrückt spielt, wird sie furchtsam und unruhig. Daher galt es, alles aufzubieten, um den verlorenen Traum wiederzugewinnen.

Ohnmächtige Gesellschaft

Hinter allem steht Gott. Gott regiert absolut. Dies war die Stunde der Propheten. Zunächst der falschen. Wahrsager und Futurologen – und mögen diese noch so gebildet sein –, sie können mit göttlichen Offenbarungen nichts anfangen. Das bleibt denen vorbehalten, in denen Gottes Geist wohnt.

Die Gemeinde ist für die Gesellschaft da

Die Gesellschaft braucht also auch hier die Gemeinde Jesu. Sie selbst steht vor immer neuen Fragen, hat immer neue Probleme zu bewältigen. Erlösung und Befreiung kennt sie nicht. Als Nebukadnezar seinen Traum vergaß, wandte er sich an die versammelte Intelligenz seines Staates: Priester, Wissenschaftler, Zauberer, Geheimbündler, Schriftgelehrte.

Die Grenzen des menschlichen Verstandes

Aber die Aufgabe war zu schwer, denn der König wollte nicht nur eine Deutung des Traumes, sondern zunächst den Traum selbst wissen. Das konnte aber mit bestem Willen keiner der gerufenen Top-Leute leisten. Daraufhin drohte der König allen, die er gerufen hatte, die Todesstrafe an. Hart und unerbittlich. Die Weisen der Welt, der Gesellschaft, mussten passen. Zwar protestierten sie, aber ohne Erfolg. Die Gesellschaft ohne Gott muss in entscheidenden existentiellen Fragen immer wieder erklären: *Das können wir nicht! No go! Basta!*

Propheten: Wegweiser Gottes

Menschliche Frömmigkeit und Religion jeder Prägung sind hilflos, wenn es um prophetisches Wissen geht. Der menschliche Geist ohne Gott kann in die Geheimnisse, Offenbarungen und das Wirken Gottes nicht eindringen. Gott kann nur durch Gott erkannt werden. Wenn Propheten sich nicht ausweisen können als von Gott Gesandte und Bevollmächtigte, dann können sie auch niemals als Wegweiser dienen. Wer Menschen zu Gott führen will, muss von Gott her zum Menschen kommen. Die Top-Leute in Babylon kannten keinen Gott der Gegenwart, keinen Gott des Lebens und der Gnade. Sie kannten nur ihre selbstgemachten Gottheiten. Und das reichte nicht.

Daniel, der Prophet

Daniel und seine Freunde, vor kurzem noch mit Sorgfalt ausgewählt, um am Hofe Nebukadnezars wichtige Berater-Aufgaben zu übernehmen, kommen jetzt in große Not. Sie sollen ebenso umgebracht werden wie die falschen Propheten, die Wahrsager und Priester in Babel. Hatten sie sich vielleicht doch zu weit vorgewagt? Hatten sie wirklich im Sinne Gottes gehandelt? Warum dann dieses schnelle Ende?

Die harte Gesellschaft

Das weltliche Prophetentum kann der Gesellschaft also nicht dienen. Religion ohne echte Offenbarung kommt letztlich um. Aber warum lässt Gott es zu, dass die vier mit den anderen Weisen des Landes in einen Topf geworfen werden? Doch hier wartet die Chance für Daniel, den Propheten. Hier liegt auch die Chance der Gemeinde Jesu heute. Aber diese ist geschockt, wenn die Gesellschaft alles in einen Topf wirft, wenn man ihr nicht die Gunst und Ehre erweist, die sie beansprucht. Dabei vergisst sie oft, dass die Feindschaft der Welt auch aus dem Versagen der Gemeinde selbst herrührt.

Hat die Gemeinde Gunst beim Volk?

Wenn nämlich die Gesellschaft in ihrer Not ihre Zuflucht zur Gemeinde Jesu nahm, bekam sie oft äußerliche Religiosität und weniger die aktuelle Offenbarung Gottes. Sie erlebte die Gemeinde nur noch als Verwalterin der göttlichen Offenbarungen. Die Kirche war nicht Gottes Prophetin, sondern Hüterin der Religion der Gesellschaft. Sie segnete nicht die Gesellschaft in ihren Erschütterungen mit göttlicher Offenbarung und Erleuchtung, sondern sie opferte dem Geist und der Gesinnung der Gesellschaft.

Jetzt kommt die Zeit der Botschafter Gottes

Die Menschen gerade unserer Gesellschaft haben sich schon in Scharen von der Kirche abgewandt, weil sie sich von ihr in ihrem tiefsten Bedürfnis irregeleitet sehen. Die Kirche, die Gemeinde Jesu, steht in unseren Breitengraden noch nicht unter Verfolgung. Sie leidet durch selbstverschuldete Mängel und falsches Prophetentum. Nur als Mund Gottes hat die Gemeinde Jesu ihre Existenzberechtigung. Sie muss wieder die Prophetin Gottes werden und der Gesellschaft dienen.

AUF DEN PUNKT GEBRACHT: *Offenbarungen Gottes dolmetschen lernen*
TIPPS: *Zusammenhänge verstehen und erklären*
HÜRDEN: *Dialektik, Diskussionen bringen wenig*
STÄRKEN: *Christus und die Bibel als Basis für Antworten*
SCHWÄCHEN: *Angst, Zweifel, Verkrampfung*

DANIELS ERMUTIGUNG

Der entscheidende Durchbruch in die Gesellschaft hinein gelingt, wenn diese wieder einen gütigen Gott in seiner geistlich erweckten Gemeinde erkennen kann. Und wenn die Gemeinde als Mund Gottes fungiert.

Zoom, Zoom, Zoom

Darüber wurde der König zornig und ergrimmte sehr, und er befahl, alle Weisen von Babel umzubringen. Und es erging der Befehl: „Die Weisen sollen getötet werden!" Und man suchte auch Daniel und seine Gefährten, um sie zu töten. Da machte Daniel dem Arjoch, dem obersten Leibwächter des Königs, der ausgezogen war, um die Weisen von Babel zu töten, einen klugen und verständigen Einwand, indem er dem Arjoch, dem Bevollmächtigten des Königs, antwortete und sagte: Warum der strenge Befehl vom König? Da teilte Arjoch dem Daniel die Sache mit. Und Daniel ging hinein und erbat sich vom König, dass er ihm eine Frist gewähre, dem König die Deutung kundzutun. Darauf ging Daniel in sein Haus; und er teilte seinen Gefährten Hananja, Mischael und Asarja die Sache mit, damit sie den Gott des Himmels um Erbarmen bitten sollten wegen dieses Geheimnisses, damit Daniel und seine Gefährten nicht mit den übrigen Weisen von Babel umkämen. Darauf wurde dem Daniel in einem Nachtgesicht das Geheimnis geoffenbart. Da pries Daniel den Gott des Himmels. Daniel fing an und sprach: Gepriesen sei der Name Gottes von Ewigkeit zu Ewigkeit! Denn Weisheit und Macht, sie sind sein. Er ändert Zeiten und Fristen, er setzt Könige ab und setzt Könige ein; er gibt den Weisen Weisheit und Erkenntnis den Einsichtigen; er offenbart das Tiefe und das Verborgene; er weiß, was in der Finsternis ist, und bei ihm wohnt das Licht. Dich, Gott meiner Väter, lobe und preise ich, dass du mir Weisheit und Kraft gegeben und mich jetzt hast wissen lassen, was wir von dir erbeten haben; denn du hast uns die Sache des Königs wissen lassen. (Daniel 2,12-23)

Sich Gott zur Verfügung stellen

Es gibt gläubige Menschen, denen kann alles Mögliche passieren, sie bleiben unter allen Umständen, zu jeder Zeit und überall „wohl in der Welt, aber nicht von der Welt". Sie haben zwar auch Erschütterungen und Umwälzungen durchzustehen, aber die gestalten sich für sie ganz anders als für die sie umgebende Gesellschaft.

Daniel, der Traumdeuter

Auch Daniel und seine Freunde waren Mitglieder in den Gelehrten- und Magierzirkeln Babels und somit unter dem Zorn König Nebukadnezars; auch sie sollten getötet werden. Das ist hart, doch entspricht es den Regeln der Gesellschaft. In diesem kritischen Augenblick entschloss sich Daniel zu seinem zweiten Glaubensschritt. Jetzt verzichtete er auf jegliche Sicherheit. Jetzt galt: Nur Gott und er.

Daniel ist ganz von Gott abhängig

Er stellte sich Gott zur Verfügung und trat stellvertretend für die Gesellschaft ein. Hätte Daniel diesen Schritt nicht getan, dann wären er und seine Freunde als stille Märtyrer umgekommen. Aber er stellte Gott sein Leben und seinen Dienst zur Verfügung.

Daniel wollte Gottes Absichten erkennen

Gott wollte mit dem heidnischen König reden. Von dem Traum war nicht viel mehr übrig geblieben als der Schock, den er auslöste. Gott wollte weiter mit dem König reden und er benutzte Daniel als Dolmetscher der göttlichen Botschaft. Die Gesellschaft und ihre Top-Leute konnten sich nicht mehr selbst helfen. Und doch gab es Rettung in der Person des gläubigen Daniel. Daniel wollte ein Segen nicht allein für sich und seine Freunde, sondern auch für die falschen Propheten der Gesellschaft sein.

Daniels Glaube: Vorbildhaft
Wie die Dinge lagen, gab es keine Rettung mehr. Der Henker hatte sich schon aufgemacht. Aber der Glaube wagt jenseits des Natürlichen noch etwas. Der Glaube sieht Auswege, hat Erwartungen, die allein mit der Größe und Herrlichkeit Gottes zu tun haben. Und er rechnet damit, dass Gott bis zum Ende der Zeiten mit Menschen handelt.

Daniels Mut kam durch Glauben
Der Glaube wagt es, unabhängig von bereits Erlebtem, unabhängig von Erfahrungen der Vergangenheit mit Resultaten zu rechnen. Seine Zuversicht und Kraft kommt von Gott her. Der Glaube ist die Frucht einer inneren Gottesoffenbarung. Wo Gott als Grundlage fehlt, ist Glaube eine Selbsttäuschung. Dem Vertrauen fehlt dann die göttliche Garantie, die allein eine solche Entscheidung rechtfertigt.

Daniel stimmte mit Gott überein
Glaube heißt, die Linie des Gottgewollten finden. Gottvertrauen ist ein inneres Einswerden mit Gott, ein Sicheinstellen auf Gottes Zukunftsgedanken. Der Glaube ist die Antwort des menschlichen Geistes auf die empfangene Offenbarung. Gottes Reden ist gestern und heute die Quelle, aus der heraus der Glaube handelt.

Daniel geht zum König ... mit Glauben
In diesem Glauben handelte auch Daniel, als er sich entschloss, zum König zu gehen. Jetzt hatte er keine Stützen mehr wie beim ersten Mal. Damals konnte er sagen: Gott kann uns so segnen, dass wir nicht schlechter aussehen als die anderen Schüler. Diesmal fehlte jede Stütze. Gott allein blieb ihm. Er kannte weder den Traum noch seine Auslegung. Aber er kannte Gott – und dem vertraute er.Und Daniel wurde nicht enttäuscht. Der König gewährte zunächst eine Frist, der Tötungsbefehl wurde bis auf weiteres ausgesetzt.

Total abhängig

Ohne jede menschliche Sicherheit stellte sich Daniel mit seinen Freunden dem erhofften Reden Gottes. Im stillen Kämmerlein erfolgen die Geburtswehen des göttlichen Redens und Handelns im Kampf des Geistes mit der Seele. Im Ringen mit Gott wird die Seele überwunden und der menschliche Geist empfängt die Erleuchtung und die Botschaft Gottes. Danach kann der Mensch anderen kundtun: *Gott hat gesagt!*

Daniel suchte die verbindliche Unterstützung seiner Freunde, weil er um die Kraft des gemeinsamen Gebets wusste. Die Sache war groß genug, dass sie von allen getragen wurde.

Gemeinde Jesu in Verantwortung

Genauso bei uns: Wir brauchen Gottes offenbarendes Reden wie nichts anderes. Und auch wir erwarten dieses Reden Gottes zur rechten Zeit, sehr oft – daran hat sich nichts geändert – im stillen Gebetskämmerlein.

Neues Leben und neue Kräfte für unser Land und seine Regionen können wir erwarten, wenn die Gemeinde Jesu bereit ist, auf die Fragen der Gesellschaft Antworten von Gott zu erbitten. Dann wird sie ebenso wenig mit den „Experten" unserer Zeit umkommen und die Welt wird wissen, „was nach diesem zu geschehen hat …"

Daniel „vergrößern"

Was eine so kleine Gruppe von Gläubigen zu tun vermag, ist schon gewaltig. Sie kann eine Wendung der Geschichte herbeiführen, wenn sie ihren priesterlich-prophetischen Aufgaben gerecht wird. Daher ist es notwendig, die Gemeinde Jesu auf ihre priesterliche Stellung und ihre Prophetenaufgabe aufmerksam zu machen und gründlich darauf vorzubereiten. Sie muss wieder zur Stimme Gottes werden. Schweigen ist ihr nur erlaubt, wenn sie nichts von Gott bekommen hat.

Immer noch: Zeit der Gnade

Es ist leichter, Gericht zu verkünden, als seiner Prophetenaufgabe gerecht zu werden. Wahres Prophetentum steht in Verbindung mit dem Gott der Gnade, mit dem Vater der Barmherzigkeit. Wir sind immer zuerst Dolmetscher der Gnade Gottes und nicht Träger der Gerichtsbotschaft.

Unser Ansatz: Tätiger Glaube

Was wir im Augenblick sagen müssen: Haltet ein mit der gegenseitigen Vernichtung. Gewinnt eine heilige Achtung vor dem Leben des Nächsten. Stellt euer Leben wieder auf den Gott der Bibel ein. Wir sind bereit, mit euch den Sinn des Lebens zu deuten. Wir wollen mit euch den Weg der Liebe gehen, die Entmutigten beleben, denn es ist die Zeit der Erkenntnis der Herrlichkeit des Herrn.

Auftrag Gottes annehmen

Klingt phantastisch. Nicht Gericht, nicht Fanatismus, nicht berauschtes Selbstbewusstsein, nicht Inselmentalität, sondern klarer Auftrag Gottes: Gehet hin … und segnet die Welt. Der Sieg, der die Welt verändert, wird auf den Knien vor Gott errungen. Da ist die Vollmacht, mit göttlicher Offenbarung vor die Menschen zu treten. Durch die Prophetengabe im weiteren Sinne wieder Salz und Licht werden. (Wenn ich von Prophetengabe spreche, meine ich den Grundauftrag jedes Christen, Gottes aktuelle Realität zu bezeugen.)

Daniel pries Gott

Ein Mann lag auf den Knien und hörte von Gott. Und als er gehört hatte, betete er ihn an. Daniel wusste, dass Gott die Weltgeschichte beherrscht. Er wusste nach dieser Zeit, wie gewaltig die Pläne Gottes sind und wie sie in unser menschliches Dasein hineinwirken. Er verstand und konnte es anderen mit großer Vollmacht weitergeben. Daniel war in Gott zur Ruhe gekommen.

AUF DEN PUNKT GEBRACHT: *Die Welt hat Fragen – wir haben die Antworten.*
TIPPS: *Art der aktuellen Fragen herausfinden und damit zu Gott gehen, erst dann zurück zu den Fragestellern.*
HÜRDEN: *Schrecken, Unsicherheit*
STÄRKEN: *mit Gott im Einklang sein*
SCHWÄCHEN: *äußerer Rahmen, Zeitdruck, Störversuche*

DANIELS ERMUTIGUNG

Die Glaubenschritte, die Daniel tat, muss man sich vergrößert vorstellen, in Einzelschritte zerlegen, um sie dann selbst auf die eigene Situation zuzuschneiden.

Schlussgedanken

Im Zentrum prophetischer Tradition steht der Bundesgedanke. Er besagt, dass Gott sich mit seinen Menschenkindern immer wieder neu verbündet. Während menschlicherseits der Bund wieder und wieder gebrochen wurde, hat Gott in seiner Liebe immer wieder einen Neuanfang gewagt. Dieses Bundesverhalten gilt für Jerusalem, die Kirche, die Gemeinde Jesu und die kleine, aktive, hingegebene Gruppe. Gott möchte es auch auf menschliche Beziehungen übertragen. Verbindliche Beziehungen und gelebte Gemeinschaft korrigieren den Hang zum Egoismus und zur Ausnutzung des anderen. Dieser göttliche Bundesgedanke kommt aus einem liebenden Herzen und wirkt zu Gunsten des anderen.

Er hat nichts mit Babels Einheitsstreben zur Machtentfaltung zu tun. Der göttliche Bundesgedanke lässt sich gerade bei Fragen zur ehelichen Partnerschaft, dem Verhältnis von Eltern und Kindern, von Familie und Freundschaften in Gesprächen verwenden.

Hier kann prophetische Information ansetzen. Für die Annahme dieses göttlichen Bundesverhaltens ist Veränderung der Herzen notwendig, Umkehr im Geist, Umkehr zu Christus. Es ist revolutionär, dass der handelnde Gott einen Menschen mit seiner Treue berührt und ihn sozial und persönlich verändert. Daraus kommen Lebenssinn und Orientierung – etwas, das wir in uns so nicht finden.

Wir leiden aber gerade in unserer Zeit unter dem Verlust des Bundesverhaltens, unter Trennung, Entfremdung, Gewalt, Ungerechtigkeit, Habsucht und unter dem Mangel an Vorstellungskraft und Vision. Sprüche 29,18 sagt: *Aus Mangel an Vision gehen Menschen kaputt.* Wir brauchen Träume und Visionen. Die finden wir in diesem fantastischen biblischen Welt- und Zukunftsbild. Unsere Zukunft hängt sehr mit schöpferischen, kreativen und phantasievollen Gedanken zusammen. Vision ist die Fähigkeit, mit einem Problem von Gott her umzugehen. Auch dies ist ein wunderbarer prophetischer Ansatz, mit dem wir in der Gesellschaft Gräben zuschütten und Hürden abbauen können. Ich wünsche mir und bete, dass wir Christen zielstrebig in diese Dimension hineinwachsen.